idées reçues

# Les Français

idées
reçues

# Les Français

Nelly Mauchamp

*Histoire & Civilisations*

Le Cavalier Bleu
EDITIONS

## Nelly Mauchamp

Détachée de l'université Paris III – Sorbonne Nouvelle comme chercheur au laboratoire interdisciplinaire pour la sociologie économique (LISE-CNRS), elle est sociologue du travail et des organisations. Elle est aussi auteur d'ouvrages sur la société française pour des étudiants étrangers.

## Du même auteur

– *La France de toujours*, Paris, CLE International, 1987. Nouvelle édition actualisée en 2004
– *La France d'aujourd'hui*, Paris, CLE International, 1991
– *Les Français. Mentalités et comportements*, Paris, CLE International, 1995
– *EDF-GDF, Une entreprise publique en mutation* (dir. avec P.-E.Tixier), Paris, La Découverte (Recherches), 2000
– « Le conflit social aujourd'hui : changements et continuités. Le cas d'une entreprise publique » (avec D. Bourgeois et J.-M. Denis), *in* Michèle Sabory et Ludovic Caillet (dir.), *Conflit(s)*, Presses de l'université des sciences sociales de Toulouse, 2003

## La collection « Idées Reçues »

Les idées reçues sont tenaces. Nées du bon sens populaire ou de l'air du temps, elles figent en phrases caricaturales des opinions convenues. Sans dire leur origine, elles se répandent partout pour diffuser un « prêt-à-penser » collectif auquel il est difficile d'échapper…
Il ne s'agit pas ici d'établir un *Dictionnaire des idées reçues* contemporain, ni de s'insurger systématiquement contre les clichés et les « on-dit ». En les prenant pour point de départ, cette collection cherche à comprendre leur raison d'être, à déceler la part de vérité souvent cachée derrière leur formulation dogmatique, à les tenir à distance respectable pour offrir sur chacun des sujets traités une analyse nuancée des connaissances actuelles.
Vous souhaitez aller plus loin ? **www.ideesrecues.net**

**HISTOIRE DU MOT** [fʀɑ̃sɛ] adjectif et n. m. – Selon le *Dictionnaire historique de la langue française* (*Le Robert*), le terme serait d'abord apparu sous la forme de « franceis » dans la chanson de Roland (en 1080), puis « françois » au XIIe siècle, avant de prendre sa forme actuelle au XVIIIe siècle. Le mot est un dérivé de « France », issu du bas latin « Francia », « le pays des Francs ».

Pendant longtemps, les Allemands refusèrent de reconnaître aux Français le monopole du titre de descendants des Francs… Les Francs étaient en effet des peuples d'origine germanique. Ils faisaient partie des peuples « barbares » qui envahirent la Gaule romanisée à partir du IIIe siècle après J.-C. Les Francs saliens s'installèrent dans le Nord de la Gaule, tandis que les Francs rhénans occupaient l'actuelle Rhénanie. Clovis, chef d'une tribu de Francs saliens, réussit à imposer sa suprématie sur l'ensemble des Francs saliens, tout en gagnant le soutien des Gaulois grâce à sa conversion au catholicisme (496). L'histoire de France le présente comme le premier « roi de France », mais il peut aussi être considéré comme un roi germanique, venu de l'autre côté du Rhin. Il en est de même pour la figure de Charlemagne, sacré « empereur des Romains » en 800 : est-ce un empereur germanique ou un « roi des Francs » ? En fait, il faut attendre le traité de Verdun (843), qui divise l'Empire en trois royaumes, pour que la partie attribuée à Charles le Chauve (828-877) – *Francia occidentalis* – ressemble un peu à la France d'aujourd'hui.

Si le terme « Français » désigne désormais une *personne de nationalité française*, rappelons que jusqu'à la Révolution française, on employait le terme de « qualité de Français ». « C'est seulement au début du XIXe siècle que la nationalité va définir le lien qui relie par le droit un État et sa population » (Patrick Weil, *Qu'est-ce qu'un Français ?*, 2002).

## Introduction



## L'histoire des Français : la construction d'un État-nation



## Faut-il refonder le « pacte républicain » ?

## Les blagues des étrangers sur les Français

*Comment devenir riche avec un Français ?*

On l'achète au prix qu'il vaut et on le revend au prix auquel il s'estime !

*Pourquoi les autoroutes françaises ne sont pas éclairées ?*

Parce que les Français se prennent tous pour des lumières !

*Comment appelle-t-on quelqu'un qui parle trois langues ?*
Un trilingue.

*Comment appelle-t-on quelqu'un qui parle deux langues ?*
Un bilingue.

*Comment appelle-t-on quelqu'un qui ne parle qu'une langue ?*
Un Français.

*Pourquoi un Français boit-il toujours la tasse quand il nage ?*

Parce que même dans l'eau, il est obligé d'ouvrir sa grande gueule !

## « Les Français pensent que la France est le plus beau pays du monde. »

> ***Les Français prétendent mieux profiter de la vie que nous. Ils revendiquent une meilleure musique, un meilleur art, une poésie, une philosophie et une littérature plus belles. Ils disent prendre le temps de vivre sans se tuer à vouloir toujours plus d'argent.***
>
> ***Nos amis les Français. Guide pratique à l'usage des GI's en France.*** **1944-1945, 2003**

Les étrangers sont certainement tous d'accord sur un point : les Français sont chauvins. « Chauvin : qui a une admiration outrée, partiale et exclusive pour son pays », nous dit le dictionnaire *Le Robert*. Les Français peuvent rire des blagues sur leur chauvinisme, ils n'en sont pas moins persuadés que la France est un pays de cocagne envié par la terre entière !

Sa géographie, en effet, en fait un pays exceptionnel. La France est « diversité », écrivait Lucien Braudel (*L'Identité de la France*, 1986). Un pays bordé par plusieurs mers, avec une grande variété de paysages et bénéficiant d'un climat « tempéré ». Un ensemble de régions toutes différentes, ayant chacune un charme particulier. Les Français pensent que le patrimoine de leur pays est lui aussi unique au monde. Le patrimoine architectural et artistique, bien sûr. Le patrimoine gastronomique également : les vins, les fromages, la cuisine… 86 % des Français considèrent que leur cuisine est la meilleure du monde !

L'histoire donne aux Français le sentiment d'être un peuple d'exception, une sorte de « peuple élu ». Pendant des siècles, la France fut « la fille aînée de l'Église ». Avec la Révolution, elle est devenue la mère des droits de l'homme ! La France est la « Grande Nation » qui a ébloui le monde en donnant l'exemple de la liberté et de l'égalité, qui a encouragé la revendication des peuples à disposer d'eux-mêmes. Quand elle a construit un empire colonial, c'était au nom de sa mission civilisatrice... et émancipatrice ! Par son histoire singulière, elle aime se poser en « moralisatrice » de la politique internationale. Les Français continuent, dans leur majorité, à considérer que leur pays a une responsabilité politique particulière dans le monde, tout spécialement lorsqu'il s'agit de la défense des droits de l'homme.

Le sentiment des Français d'appartenir à un pays qui sort de l'ordinaire se manifeste dans de nombreux domaines. « L'exception française » est une expression devenue incontournable, qu'on utilise à propos de tout et n'importe quoi et qui peut parfois faire sourire... Elle est évidente dans le domaine intellectuel, bien sûr, par la richesse de sa littérature. Dans le domaine de la création, le cinéma français est un des seuls à résister face au cinéma américain. Les intellectuels et les artistes du monde entier parlent français (la langue de la culture) et rêvent de séjourner en France ; dans le cas contraire, ils sont un peu suspects... Dans le domaine économique, le génie français s'est manifesté par ses inventions : le Minitel (bien avant Internet), et bien sûr le TGV, le train le plus rapide du monde. Les multinationales françaises sont florissantes, les investisseurs étrangers sont nombreux à s'implanter en France. Grâce à leur fameux « modèle social », les Français ont la chance d'avoir le meilleur système de santé du monde, un système éducatif gratuit, des services publics performants, un excellent réseau routier, des trains qui arrivent à l'heure, etc. Les étrangers aiment bien se moquer de cette mégalomanie française… « Les Français (…) ne ratent pas une occasion de se vanter de leur grandeur et de leur supériorité. Une fois, ils ont la meilleure cuisine du monde, une autre fois le plus grand nombre de musées, ou bien la diplomatie la plus brillante, ou bien les plus grands écrivains. Ils ont aussi un club très sélect réservé aux entreprises françaises qui sont chacune numéro un mondial dans leur spécialité, et parmi lesquelles figure même un fabricant de brouettes » (Klaus Peter Schmidt, ancien correspondant du *Spiegel* en France, cité dans l'ouvrage de Dominique Frischer, *La France vue d'en face*, 1990).

L'art de vivre serait aussi une spécificité française. Les Français savent apprécier tous les plaisirs de la vie. Les plaisirs de la bonne chère bien sûr, mais aussi ceux de l'amour. Les femmes françaises sont belles et séduisantes, les hommes sont de bons amants… Et grâce aux 35 heures, les Français ont plus de temps pour profiter de la vie !

En dépit des discours alarmistes sur « le déclin de la France », les Français sont dans leur majorité persuadés qu'ils vivent dans le plus beau pays du monde. La preuve en est que leur pays est la première destination touristique dans le monde… tandis qu'eux-mêmes éprouvent peu le besoin de voyager à l'étranger et n'aiment pas beaucoup s'expatrier.

Alors, idées reçues des Français sur leur pays et sur eux-mêmes, ou des étrangers sur les Français ? Faisons le point, trouvons un chemin entre les clichés et tentons de dresser un portrait (raisonné ?) des Français !

”

# L'HISTOIRE DES FRANÇAIS : LA CONSTRUCTION D'UN ÉTAT-NATION

# « Les ancêtres des Français sont les Gaulois. »

***L'Hexagon aime le Gaulois : il s'agit de son grand-père. Quand l'Hexagon fait une bêtise, il se dit que c'est à cause de son « vieux fonds gaulois » et il se sent pardonné (...). Le Gaulois figure notre côté un peu anar.***

**Alain Schiffres, *Les Hexagons*, 1994**

Blonds, chevelus, la moustache tombante, indisciplinés, querelleurs, gros mangeurs et gros buveurs, mais courageux... tels étaient « nos ancêtres les Gaulois ». C'est du moins ce qu'ont appris tous les enfants sur les bancs de l'école républicaine... Mais les Français ne savent pas toujours que leur origine gauloise est loin d'être une évidence. C'est une idée reçue assez récente, qui commença à apparaître au moment de la Révolution française, pour s'imposer à partir de la IIIe République.

Les rois de France se sont toujours considérés comme les descendants des Francs (dont le nom signifiait « hardis » ou « libres »), installés depuis le IVe siècle dans le Nord et l'Est de la Gaule. Ils faisaient remonter l'origine du royaume de France à 496 lorsque Clovis, roi des Francs, se convertit au catholicisme en se faisant baptiser à Reims. Clovis fut le premier roi des Mérovingiens (du nom de son supposé grand-père Mérovée), qui gouvernèrent pendant deux siècles et demi, jusqu'en 751. Les Carolingiens (du nom du père de Pépin le Bref, Charles Martel) régnèrent jusqu'à la dislocation de l'empire de Charlemagne, en 814. Pépin le Bref s'était fait sacrer roi par le pape, Charlemagne s'était fait sacrer empereur (en 800). Les Capétiens (du nom d'Hugues Capet, sacré roi de France en 987), puis les Bourbon régnèrent pendant neuf siècles. En se présentant comme les descendants des rois mérovingiens et carolingiens, en étant des rois sacrés, ils perpétuaient la royauté de droit divin, faisant de la France « la fille aînée de l'Église ».

Au moment de la Révolution française, face à une monarchie et une aristocratie qui défendaient leurs privilèges parce que descendant des Francs, les représentants du tiers état revendiquèrent leur légitimité en se présentant comme les descendants des Gaulois, des peuples vaincus par les envahisseurs francs. Dans cette nouvelle vision de l'histoire, les monarques et les nobles apparaissaient comme des étrangers ayant spolié le pouvoir des premiers habitants de la France, les Gaulois.

C'est au XIX^e^ siècle, sous la III^e^ république, que fut vraiment élaboré le mythe de la France gauloise, tout comme celui de ses « frontières naturelles ». L'objectif politique était de construire une identité du peuple français, en lui donnant une homogénéité ethnique et culturelle et en lui trouvant des héros nationaux laïques. Les historiens républicains s'inspirèrent de César (101-44 av. J.-C.) pour faire de la Gaule le début de la France, et des Gaulois les ancêtres des Français. En décrivant ses conquêtes dans *La Guerre des Gaules*, César avait donné une unité à un territoire peuplé de multiples tribus. Quant à Vercingétorix, il incarnait un bon héros national puisque d'un « agrégat de peuples désunis » (Mirabeau, 1789), il avait constitué un peuple uni pour tenter de résister à l'envahisseur romain. Il fut vaincu et la Gaule devint une province romaine de 50 avant Jésus-Christ jusqu'au milieu du V^e^ siècle après Jésus-Christ. Mais la cohabitation entre

Romains et Gaulois donna naissance à la magnifique civilisation « gallo-romaine ». Ce mythe de l'origine gauloise, mis en forme par l'historien Ernest Lavisse (1842-1922) dans ses célèbres manuels, fut fixé dans l'esprit des jeunes Français par les instituteurs de l'école républicaine, lorsque Jules Ferry institua l'école obligatoire (1882).

Mais au-delà des stéréotypes construits par les historiens au service de la royauté, puis de l'État-Nation, qui sont vraiment les ancêtres des Français ? L'actuel territoire français fut envahi par des Celtes venant, semble-t-il, du Sud de l'Allemagne et de Bohème, à partir du deuxième millénaire avant Jésus-Christ, et au moins jusqu'au IIIe siècle après Jésus-Christ. Les Celtes occupaient une grande partie de l'Europe, et même de l'Asie Mineure, mais ils ne constituaient pas un ensemble homogène. Les Romains appelaient « gaulois » l'ensemble du monde celtique. Jules César nomma « Gaule » la partie située à l'Ouest du Rhin et « Germanie » celle située à l'Est. Mais ce que César appelait la Gaule ne constituait pas non plus un ensemble homogène, tant du point de vue culturel, religieux, que linguistique ou ethnique. Elle était morcelée en peuples, tantôt rivaux, tantôt alliés.

Le Sud de l'actuelle France était déjà une province romaine depuis le IIe siècle avant Jésus-Christ. La pression de l'occupation romaine et la volonté d'expansion de Jules César vers le Nord (à partir de 58 avant Jésus-Christ) conduisirent plusieurs peuples gaulois à s'insurger. Ils s'allièrent sous le commandement de Vercingétorix, appartenant à la tribu des Arvernes. Vainqueurs à Gergovie, les Gaulois subirent l'année suivante une redoutable défaite à Alésia (en 52 environ avant Jésus-Christ.). L'occupation romaine fut confortée, la Gaule devint une province « gallo-romaine » très peuplée, et particulièrement prospère, grâce au développement de l'agriculture et du commerce, à la construction de routes et de ponts, à la création de villes, etc. Les dieux celtes et les dieux romains se confondirent plus ou moins jusqu'à l'introduction de la religion chrétienne, au Ier siècle après Jésus-Christ. À partir du IIIe siècle, des peuples venus de Germanie (appelés « barbares » parce qu'ils n'étaient pas citoyens romains) envahirent la Gaule. D'abord repoussés par les Romains, ils finirent par s'installer et devenir leurs fidèles alliés pour défendre le territoire. Ils constituèrent plusieurs royaumes : les Francs au Nord, les Wisigoths au Sud, les Burgondes le long du Rhône et de la Saône. Au Ve siècle, les Francs conquirent peu à peu toute la Gaule sous la direction de Clovis.

Les historiens et les hommes politiques sont donc partagés sur la date de naissance de la France… Est-ce la coalition (éphémère) des Gaulois sous le commandement de Vercingétorix au Ier siècle avant Jésus-Christ ? Le baptême de Clovis, roi des Francs, en 496 ? L'avènement de Hugues Capet, en 987, fondateur d'une dynastie qui allait régner sur la France pendant neuf siècles ? Ou encore la Révolution française, qui a fait de la France une nation ?

Ce qui est certain, c'est que le mythe de la France gauloise, transmis par l'école républicaine, a été largement relayé par la bande dessinée *Astérix* (le premier album de Goscinny et Uderzo est sorti en 1961). Les Français – et de nombreux étrangers, puisque la BD a eu un succès mondial – ont ainsi en tête des représentations des Gaulois qui ne sont pas pour leur déplaire. Amateurs de bonne chère, râleurs, ils avaient un grand cœur ; leur fâcheuse tendance à se diviser allait de pair avec une grande solidarité face à l'adversaire. Les Français peuvent se sentir fiers d'être les successeurs des « irréductibles » Gaulois face aux envahisseurs… ou à la mondialisation. José Bové (avec sa superbe moustache) incarne parfaitement le mythe du vaillant Gaulois se battant contre les Américains ! On peut noter aussi que l'adjectif « gaulois » a été associé très tôt à l'idée de liberté et de franchise. De la liberté politique, on a glissé vers la liberté des mœurs, la grivoiserie des propos, la paillardise. « L'esprit gaulois » est ainsi devenu synonyme à la fois de gaieté, de liberté, voire de licence… une réputation que bon nombre de Français se plaisent à entretenir.

### *Le Tour de la France par deux enfants*

« La France, notre patrie, était, il y a bien longtemps de cela, presque entièrement couverte de grandes forêts. Il y avait peu de villes, et la moindre ferme de votre village, enfants, eût semblé un palais. La France s'appelait la Gaule, et les hommes à demi sauvages qui l'habitaient étaient les Gaulois.

Nos ancêtres, les Gaulois, étaient grands et robustes, avec une peau blanche comme le lait, des yeux bleus et de longs cheveux blonds ou roux qu'ils laissaient flotter sur leurs épaules.

Ils estimaient avant toute chose le courage et la liberté. Ils se riaient de la mort, ils se paraient pour le combat comme pour une fête.

Leurs femmes, les Gauloises, nos mères dans le passé, ne leur cédaient en rien pour le courage. Elles suivaient leurs époux à la guerre ; des chariots traînaient les enfants et les bagages ; d'énormes chiens féroces escortaient les chars.

(…)

Il y a bientôt deux mille ans, un grand général romain, Jules César, qui aurait voulu avoir le monde entier sous sa domination, résolut de conquérir la Gaule.

Nos pères se défendirent vaillamment, si vaillamment que les armées de César, composées des meilleurs soldats du monde, furent sept ans avant de soumettre notre patrie.

Mais enfin la Gaule, couverte du sang de ses enfants, épuisée par la misère se rendit.

Un jeune Gaulois, né dans l'Auvergne, résolut alors de chasser les Romains du sol de la patrie. Il parla si éloquemment de son projet à ses compagnons que tous jurèrent de mourir plutôt que de subir le joug romain. En même temps, ils mirent à leur tête le jeune guerrier et lui donnèrent le titre de *Vercingétorix*, qui veut dire *chef*.

Bientôt, Vercingétorix envoya en secret dans toutes les parties de la Gaule des hommes chargés d'exciter les Gaulois à se soulever. On se réunissait la nuit sous l'ombre impénétrable des grandes forêts, auprès des énormes pierres qui servaient d'autels ; on parlait de la liberté, on parlait de la patrie, et l'on promettait de donner sa vie pour elle. »

*G. Brunot (pseudonyme de Madame Feuillée)* – Paris, Belin, *édité aux environs de 1877, et réédité plus de 400 fois, soit plus de 8 500 000 exemplaires vendus.*

## « La Renaissance a sorti la France de la barbarie du Moyen Âge. »

*La Renaissance s'écarte du christianisme du Moyen Âge, beaucoup moins sur le terrain des idées que sur celui de la vie elle-même. Elle est si l'on veut une trahison culturelle, non philosophique. Son atmosphère a été celle d'une joie vive, multiple, celle des yeux, celle de l'esprit, celle du corps, comme si l'Occident sortait d'un carême multiséculaire. La Renaissance relève d'une sociologie, d'une psychologie de la joie. Il est rare dans l'histoire que les hommes aient eu à un tel point le sentiment aussi vif de vivre une époque heureuse.*

**Fernand Braudel,** ***Grammaire des civilisations,*** **1963**

Pour les historiens, la Renaissance marque la fin du Moyen Âge et le début de la période « moderne », qui commence officiellement en France avec l'avènement du roi François Ier, en 1515. Une idée reçue est que la Renaissance signifie la fin de la barbarie associée au Moyen Âge et l'entrée dans la modernité. S'il y a bien une rupture historique, la vérité est loin d'être aussi caricaturale… Le Moyen Âge ne peut pas être réduit à une période archaïque où régnaient la cruauté, la terreur. Il a certes connu des massacres, des guerres civiles, la guerre de Cent Ans contre les Anglais (qui ont brûlé notre Jeanne d'Arc). Mais il y a eu aussi l'amour courtois, les poèmes de Villon (1431-1463), la splendeur de l'architecture romane et gothique, etc. La Renaissance est effectivement une période extraordinaire de renouveau intellectuel et artistique, de découvertes géographiques et scientifiques, de « modernisation de l'État ». Elle est aussi marquée par un renouveau religieux, avec le développement de la Réforme. Mais la Renaissance n'a pas accepté toutes les nouveautés sans réticences. Elle a connu des procès en sorcellerie et des guerres de religion d'une violence extrême.

La Renaissance est d'abord un mouvement intellectuel : un retour aux textes et aux valeurs de l'Antiquité, un goût de l'érudition, un rapport au savoir en rupture avec les périodes précédentes, que l'on appellera à partir du XIXe siècle « l'humanisme » (*humanitas* désigne en latin la culture). Ce mouvement naît dès le XVe siècle à Florence, à Rome et à Venise, où ont émigré de nombreux érudits ayant quitté Constantinople (après que la ville eut été prise par les Turcs en 1453), en emportant avec eux des manuscrits anciens. Il se propage dans tous les pays d'Occident au XVIe siècle. L'humaniste le plus connu est le Hollandais Érasme. Pour lui, la source de la sagesse était dans la littérature antique et la Bible. Il édita de nombreux textes grecs et romains, traduisit en latin le Nouveau Testament et publia en 1511 son célèbre *Éloge de la folie*, une critique de comportements humains absurdes. Le développement de l'imprimerie (un procédé inventé par les Chinois quatre cents ans avant l'Allemand Gutenberg !) a beaucoup facilité la diffusion des textes anciens et des œuvres des humanistes.

Les humanistes pratiquent la lecture et le commentaire des auteurs grecs et latins. Ce sont de grands érudits, considérés comme les fondateurs de la philologie : pour déchiffrer, comprendre, interpréter les textes anciens, ils étudient la langue, la civilisation, les institutions des Grecs et des Romains (le latin était alors une langue vivante, mais le grec était à peu près inconnu). Les humanistes prônent aussi le retour aux textes bibliques. Alors que jusque-là, l'enseignement était théologique, fondé sur l'apprentissage des dogmes (la scolastique), ils commentent les évangiles avec « l'esprit de libre examen » (ce qu'on appellerait aujourd'hui l'esprit critique). Contrairement à la vision pessimiste qui dominait au Moyen Âge (l'homme passivement soumis à la volonté et à la colère de Dieu), ils défendent une vision optimiste en exaltant l'homme et le progrès humain : l'homme peut maîtriser son destin et s'améliorer grâce à l'éducation, la raison, la volonté. L'humanisme engendre ainsi un changement radical d'état d'esprit dans la perception de l'homme (« Dépendre de sa propre conscience plutôt que de jugements extérieurs », écrivait Pic de la Mirandole dans *De la dignité de l'homme*, 1486). Les humanistes ne se dressent pas contre Dieu ni contre l'Église, mais leur indépendance d'esprit, leur affirmation d'une liberté de l'homme, sont perçues comme subversives par l'Église catholique. Un imprimeur humaniste, Dolet, est brûlé comme hérétique à Paris en 1546. En France, l'humaniste le plus connu est le grand érudit Guillaume Budé, qui fut directeur de la Bibliothèque royale. C'est sur son instigation que François Ier – qui se voulait le père des lettres, secondé dans ce rôle par sa sœur Marguerite de Navarre – fonda le Collège des lecteurs royaux, qui deviendra le Collège de France. Les lecteurs royaux (les professeurs) y enseignaient les matières proscrites à l'université catholique de la Sorbonne : le grec, le latin, l'hébreu, l'arabe, les mathématiques, notamment.

Inspirée par le mouvement humaniste, la littérature connaît un grand développement. En Italie, Machiavel (1469-1527) élabore une théorie politique totalement nouvelle, en séparant l'efficacité d'un gouvernement des questions morales (*Le Prince*, 1513).

En France, autour de Du Bellay (1522-1560) et Ronsard (1524-1585), les poètes de la Pléiade rénovent la poésie en s'inspirant des auteurs romains et grecs. Rabelais (1494-1553) défend un nouveau système d'éducation : il faut libérer le corps et l'esprit des contraintes, faire confiance à la nature. Ses géants, *Pantagruel* (1532) et *Gargantua* (1534) incarnent la joie de vivre, l'intelligence, le goût du savoir. Dernier humaniste de la Renaissance, Montaigne (1533-1592) s'interroge sur les limites de la connaissance, les conséquences des grandes découvertes. Il fait preuve pour son époque d'un étonnant relativisme culturel : il considère que les lois, les morales et les religions des différentes cultures ont toutes un fondement. Il ne voit « rien de barbare et de sauvage » dans les indigènes du Brésil, bien qu'ils soient cannibales.

Dans le domaine artistique, le mouvement de la Renaissance est également très marqué par l'influence de l'Antiquité. Les artistes italiens du *Quattrocento* (le XV$^{e}$ siècle en Italie) se passionnent pour l'art antique et s'en inspirent, qu'ils soient architectes (Brunelleschi), sculpteurs (Ghibert, Donatello) ou peintres (Masaccio, Piero della Francesca, Botticelli, etc). Les architectes reprennent des éléments antiques : colonnes, frontons. Les peintres montrent des corps nus ou drapés dans des vêtements à l'antique, alors que le Moyen Âge, par pudeur chrétienne, les représentait vêtus de lourds vêtements.

Les contacts des Français avec l'Italie furent nombreux à l'occasion des grandes expéditions militaires que l'on a appelées « les guerres d'Italie » (1494-1515). Ces campagnes avaient bien commencé pour les rois de France, mais elles finirent mal, puisque peu de temps après la célèbre victoire de François I$^{er}$ à Marignan (1515), la France perdit à peu près toutes ses conquêtes d'Italie. La conséquence sans doute la plus importante des guerres d'Italie pour la France fut l'influence italienne dans le domaine artistique ! François Ier, ébloui par le raffinement de la civilisation transalpine, y acheta des tableaux, des statues antiques, et fit venir à sa cour d'illustres artistes italiens : Léonard de Vinci, Titien, Primatice, etc. Les châteaux de la Loire sont construits dans la tradition française antérieure, mais des tendances italiennes apparaissent dans l'ornementation, la décoration intérieure, les fresques. Les influences antiques et italiennes prédominent dans l'architecture du Nouveau Louvre (Pierre Lescot) et des Tuileries (Philibert de l'Orme), dans les sculptures de Jean-Goujon (*la fontaine des Innocents*) ou de Germain Pilon.

La Renaissance est aussi marquée par d'énormes progrès dans le domaine des sciences et des techniques. On peut dire que la science moderne est née à cette période, grâce notamment à l'esprit critique développé par les humanistes. Léonard de Vinci (1452-1519) incarne tout spécialement leur esprit universaliste. Peintre, sculpteur, architecte, c'est aussi un scientifique s'intéressant à de multiples domaines, la mécanique, l'anatomie, la géologie, la botanique… et l'inventeur de divers types de machines. L'astronome polonais Copernic affirme que la terre n'est pas immobile, mais qu'elle tourne sur elle-même et autour du soleil (sa théorie ne sera vraiment acceptée que bien après sa mort).

**La Renaissance, ou l'ouverture sur le monde**

Pendant la Renaissance, la vieille Europe a de nombreux contacts avec des mondes nouveaux. En 1535, François Ier signe avec les Turcs musulmans un accord de coopération militaire contre Charles Quint, au grand scandale d'une partie de la chrétienté. L'amitié franco-turque permet aux Français de pratiquer le commerce dans l'empire ottoman. Aux XVe et XVIe siècles, les expéditions maritimes se multiplient et s'aventurent de plus en plus loin grâce aux progrès des bateaux (la caravelle, capable d'affronter de fortes houles, est mise au point au milieu du XVe siècle) et des outils de navigation. Christophe Colomb, Génois installé au Portugal, découvre l'Amérique (1492-1504), persuadé d'avoir abordé dans des îles proches de l'Inde, d'où le nom d'Indiens que l'on donne encore aujourd'hui aux indigènes d'Amérique. Magellan, un Portugais au service de l'Espagne, fait le premier voyage autour du monde (1519-1522) et prouve ainsi que la terre est ronde.

Non seulement les Européens apprennent l'existence d'un nouveau continent, l'Amérique, de sociétés humaines qui sont encore dans « un curieux état de nature », mais ces découvertes ont comme conséquence la formation des empires coloniaux, l'empire portugais (entre 1499 et 1525) et l'empire espagnol (entre 1492 et 1540 environ).

De ce fait, l'agriculture est modifiée par l'introduction de nouvelles plantes, originaires d'Amérique : la tomate, le haricot, le maïs, le tabac (la pomme de terre ne sera cultivée qu'à partir du XVIIIe siècle). Le développement du commerce dans l'océan Atlantique entraîne la prospérité des ports français : Bordeaux, La Rochelle, Nantes, Saint-Malo, Rouen, Dieppe, etc. L'importation de grandes quantités d'or et d'argent en provenance du Mexique et du Pérou accroît la masse de monnaie en circulation. Les échanges se multiplient, l'usage de la monnaie comme moyen de paiement se généralise. L'expansion économique entraîne une forte augmentation des prix. Cette dernière touche assez peu les paysans (ils vendent peu mais n'achètent pas grand-chose), mais elle frappe durement les artisans, les ouvriers, ainsi que la vieille noblesse féodale. Elle favorise l'essor de la bourgeoisie qui pratique le négoce ou le commerce de l'argent. Les villes se développent.

Enfin, le XVI^e siècle voit la naissance d'un profond mouvement religieux, la Réforme, lequel donnera naissance au protestantisme. On peut considérer que la Réforme est en partie en germe dans l'humanisme, dans la mesure où les humanistes posent le principe d'une liberté d'interprétation de la Bible, contribuant ainsi à affaiblir l'autorité de l'Église. Les réformateurs n'envisagent pas de créer une religion nouvelle, ils aspirent à une foi plus personnelle, une piété plus simple. Ils critiquent les pratiques et les fastes de l'Église catholique, notamment le fait que pour s'enrichir, les papes vendent des « indulgences » (sortes de certificats destinés à effacer les péchés). La Réforme est initiée d'une part par Luther, depuis l'Allemagne, d'autre part par Calvin, un Français contraint de s'exiler, depuis la Suisse. Le mouvement se développe dans toute l'Europe et dans toutes les couches de la société, à la différence de l'humanisme qui n'a touché que les lettrés. Au milieu du XVI^e siècle, la France compte près de deux millions de protestants.

Pour contrer la Réforme, l'Église catholique entreprend un mouvement de « Contre-Réforme ». Le concile de Trente (1545-1563) précise les dogmes et déclare la guerre aux « protestants ». Le conflit entre « les papistes » (fidèles au pape) et les Huguenots, partisans de la Réforme, dégénère en guerres civiles, dont le summum est la nuit de la Saint-Barthélemy (24 août 1572), durant laquelle des milliers de protestants sont assassinés à Paris sur ordre de la reine Catherine de Médicis. Les massacres s'étendent ensuite à tout le royaume et font sans doute plus de 10 000 victimes.

Les « guerres de religion » ont mis la France à feu et à sang pendant quarante ans (de 1562 à 1598, malgré quelques trêves). D'autres pays européens, confrontés à ce « grand schisme de la chrétienté », n'ont pas connu de crises politiques aussi graves. En France, l'unité religieuse apparaissait à la monarchie comme une valeur primordiale dans la construction de l'État (« un sceptre, une foi »). L'hérésie religieuse était donc considérée comme une opposition politique, un crime de lèse-majesté. Lorsque Henri IV, élevé dans la religion protestante, devient roi de France en 1589, il se convertit au catholicisme. En 1598, pour éviter la reprise des conflits, il promulgue l'édit de Nantes, une charte accordant la liberté de conscience et des droits civiques aux protestants. La coexistence pacifique sera de courte durée, puisque moins de cent ans plus tard, en 1685, l'édit de Nantes sera révoqué par Louis XIV (« une foi, une loi, un roi »). Les persécutions contre les protestants reprendront alors de plus belle et provoqueront leur départ en très grand nombre vers des pays voisins. Leur existence officielle ne sera reconnue qu'en 1787, à la veille de la Révolution.

En conclusion, on peut dire avec Braudel que la Renaissance n'est pas en rupture totale avec le Moyen Âge : « Celle-ci n'est pas le contre-pied de la philosophie médiévale, quels qu'aient été les brocards des humanistes à l'égard de la scolastique ». « Que la prise de conscience aiguë des possibilités multiples de l'homme ait préparé, longtemps à l'avance, toutes les révolutions de la modernité, et aussi l'athéisme, nul ne le contestera. Mais les humanistes étaient beaucoup trop occupés à organiser leur propre royaume pour penser à contester celui de Dieu. » Braudel souligne aussi que l'esprit de la Renaissance n'est pas complètement mort, malgré les guerres de religion qui ont ensanglanté la France pendant au total plus d'un siècle. « Les humanistes ont gagné une certaine partie à long terme. (…) Après eux, l'Europe n'oubliera plus cette confiance dans la grandeur et l'intelligence humaines dont ils s'étaient exaltés et qui restera la plus grande incitation à penser et à vivre de l'Occident. » (Fernand Braudel, *Grammaire des civilisations*, 1987).

## « Les Français sont très attachés à la Révolution française. »

> ***[Avant la Révolution française], le passé n'est plus qu'un « Ancien Régime », définition lapidaire qui efface de la mémoire nationale tout ce qui l'a précédée, féodalité et monarchie ensemble. C'est donc elle qui vient occuper tout l'espace de l'histoire comme l'instrument nécessaire de son rachat. Il n'y a plus qu'elle à commémorer, à fêter, à célébrer, comme pour conjurer sans cesse le retour de ce qu'elle abolit.***
>
> ***Les Lieux de mémoire*, sous la direction de Pierre Nora, 1992**

Pour une majorité de Français, la Révolution de 1789 est le moment fondateur de la nation française. Sa date de célébration officielle, le 14 juillet, est un peu le point zéro de l'histoire de notre pays, comme la naissance de Jésus pour le christianisme. En mettant fin à la monarchie de droit divin et aux privilèges de la noblesse, la Révolution a fait de la France un pays démocratique, la patrie des droits de l'homme. Les valeurs de la Révolution française se confondent en fait souvent avec « les valeurs républicaines », puisqu'à partir de 1792, l'État a pris sa forme républicaine. Bien des Français considèrent aussi que la Révolution française a métamorphosé la planète, puisque « la Grande Nation » a servi d'exemple à de nombreux pays dans leur aspiration à la liberté. Les fastueuses cérémonies célébrant son bicentenaire, en 1989, ont été l'occasion de réaffirmer la vocation universelle de la France. Leur retransmission en direct à la télévision a été suivie par des millions de Français, mais aussi par des millions d'étrangers. C'est bien la preuve que la Révolution française a une puissance symbolique pour le monde entier !

La Révolution française a effectivement un statut très particulier dans l'imagerie des Français. Ses dates-clés sont inscrites dans tous les esprits : la prise de la Bastille (14 juillet 1789), l'abolition des privilèges (4 août 1789), la Déclaration des droits de l'homme (26 août 1789), la chute de la monarchie (10 août 1792), la chute de Robespierre (9 thermidor an II)... et le coup d'État de Napoléon Bonaparte du 18 Brumaire (9 novembre 1799), qui marque officiellement sa fin. Comment expliquer un tel attachement ? C'est que celle-ci a effectivement marqué une rupture totale dans l'Histoire de France, en transformant profondément les structures politiques et sociales de l'époque. On en oublie parfois que pendant toute une partie du XIXe siècle, la France a connu une alternance de régimes autoritaires et libéraux. Elle n'est entrée définitivement en République qu'à partir de 1879. D'ailleurs, c'est seulement depuis cette époque que le 14 Juillet est le jour de la fête nationale.

Dès 1789, la Déclaration des droits de l'homme et du citoyen proclame que « les hommes naissent libres et égaux en droit » (art. 1) : l'objectif des révolutionnaires est d'abord l'aspiration à l'égalité, la fin des privilèges liés à la naissance. Elle énonce aussi que « le principe de toute souveraineté réside essentiellement dans la Nation » (art. 2). L'État-nation, tel qu'on le conçoit aujourd'hui, est un concept politique construit par les révolutionnaires. Ils fondent un État de droit : la loi remplace l'absolutisme de droit divin et protège les individus contre l'arbitraire. Dans la conception révolutionnaire (toujours en vigueur aujourd'hui), la loi émane du « législateur », à savoir les parlementaires élus, représentants « souverains » de la Nation. L'État-nation entend intégrer une société d'individus en « une communauté de citoyens ». Pour que la République devienne « une et indivisible », il veut supprimer tous les particularismes locaux, il interdit les langues régionales et impose la langue française comme langue commune.

La Déclaration des droits de l'homme et du citoyen affirme aussi que « nul ne doit être inquiété pour ses opinions, même religieuses, pourvu que leur manifestation ne trouble pas l'ordre public établi par la loi » (art. 10). L'égalité des citoyens devant être « sans considérations de race ou de religion », la Révolution donne la possibilité aux protestants d'être électeurs et éligibles et d'être admis à tous les emplois. Elle donne aussi le statut de citoyens français aux Juifs, mais en refusant de les considérer comme « communauté » juive. Aujourd'hui encore, la France ne prend en compte que les citoyens, elle refuse de considérer les communautés ethniques ou religieuses.

Avec la Révolution, la religion catholique cesse d'être religion d'État. Dans un premier temps, les révolutionnaires entendent la contrôler : en 1789, les biens du clergé sont « nationalisés » et les ordres religieux supprimés. En 1790, la Constitution civile du clergé oblige les prêtres à prêter un serment de fidélité à l'État, et ceux qui refusent de s'y soumettre, « les réfractaires », subissent une sévère répression. La Terreur (1792-1795) fait ensuite une tentative de déchristianisation radicale, mais qui sera de courte durée. En février 1795, la Convention proclame « la séparation de l'Église et de l'État ». Celle-ci sera abolie en 1802… mais rétablie en 1905 par la loi dite « loi sur la laïcité », toujours en vigueur aujourd'hui.

Enfin, en 1791, la loi Le Chapelier supprime les corporations, qui défendaient des privilèges et créaient une inégalité de statut entre maîtres et compagnons. Il ne devait plus y avoir de « corps intermédiaires » entre l'État et les citoyens ; les relations de travail devaient être réglées par des « conventions libres, d'individu à individu ». La loi Le Chapelier s'appliquera jusqu'en 1864, interdisant ainsi la création de syndicats. On explique souvent par cette loi cette « exception française », la faiblesse des corps intermédiaires (les syndicats, les organismes professionnels), toujours soupçonnés de vouloir défendre des intérêts particuliers, et donc des privilèges. Dans la tradition républicaine française, seul l'État peut incarner « l'intérêt général », conçu comme l'expression de la volonté générale devant s'imposer à l'ensemble des individus, ce qui va bien au-delà d'un simple arbitrage entre des intérêts particuliers.

S'il y a aujourd'hui unanimité sur la République, il faut se souvenir que « la gueuse » a suscité pendant très longtemps une forte opposition des monarchistes, mais aussi de la droite catholique. Tout au long du XIXe siècle et dans la première moitié du XXe siècle, les valeurs révolutionnaires ont été instrumentées par les différentes familles politiques, structurant durablement le clivage entre la droite et la gauche. Lorsque le régime de Vichy s'installa au pouvoir, il abolit la République et la devise républicaine, en lui substituant « Travail, famille, patrie ». Quand le gouvernement provisoire de la République française, issu de la Résistance, créa les Comités de salut public, il n'était pas anodin qu'il prît une terminologie révolutionnaire. On peut considérer que la véritable adhésion des catholiques au régime républicain s'est faite après la Seconde Guerre mondiale, à travers le gaullisme.

Les principes révolutionnaires sont considérés comme constitutifs du « pacte républicain » en vigueur depuis la Libération. La IV^e République, puis la V^e, ont intégré les principes fondamentaux de la Déclaration des droits de l'homme et du citoyen. La Constitution de la V^e République définit les « droits naturels et imprescriptibles » : la liberté (« pouvoir faire tout ce qui ne nuit pas à autrui »), notamment la liberté d'opinion et la liberté religieuse, et la propriété (« un droit inviolable et sacré ») ; elle reconnaît l'égalité de tous devant la loi et la justice et elle affirme le principe de la séparation des pouvoirs. C'est sur le principe de l'égalitarisme républicain que l'administration et les services publics ont été organisés – traiter de la même façon chaque citoyen en chaque point du territoire – ce qui explique en grande partie les réticences françaises à l'égard de la décentralisation. C'est au nom de ce même principe que la France a toujours dénoncé le communautarisme et qu'elle résiste à l'idée de « discrimination positive » (système de quotas), qu'il s'agisse des immigrés ou des femmes.

« Par rapport aux autres pays européens (...), je touche concrètement, physiquement, dans la vie de tous les jours comme dans la mentalité des gens, qu'ici eut lieu une révolution (...). Le peuple, avec ses différentes composantes sociales, a intégré ce symbole en prenant conscience de ses droits. En arrivant en France, j'ai été frappé par l'orgueil des gens, l'orgueil d'avoir acquis des droits, et le droit de les faire valoir dans la vie de tous les jours. Par exemple, l'absence de complexes dans les milieux populaires, l'instance avec laquelle les gens font valoir leurs droits » (Norberto Bottani, journaliste italien, cité dans *La France vue d'en face*, 1990). L'attachement des Français à la Révolution française n'est pas une idée reçue et il étonne toujours les étrangers !

## Les symboles de la République française

La devise *Liberté Égalité Fraternité* est apparue dès 1790, mais elle fut retirée un temps car trop associée à la Terreur. Elle s'est imposée à partir de la IIIe République, avec un intermède sous Vichy.

La *Marseillaise* a été officialisée comme hymne national par la Constitution de la IVe République (1946) et de la Ve République (1958). *Le Chant de guerre pour l'armée du Rhin*, composé par Rouget de Lisle (1792) pour les soldats de l'an II, fut repris par les fédérés marseillais lorsqu'ils entrèrent dans Paris pour participer à l'insurrection des Tuileries (le 10 août 1792). Les Parisiens le baptisèrent *La Marseillaise*. Pendant presque tout le XIXe, la Marseillaise était considérée comme un chant subversif. La IIIe République en fit l'hymne national.

Bien que la Constitution de 1958 privilégie le drapeau tricolore comme emblème national, *Marianne* représente toujours la République. Alors que la France monarchique était représentée en femme casquée couronnée de tours, en 1792, la République choisit de s'incarner sous les traits d'Athéna, rebaptisée Marianne, car c'est par ce prénom populaire (Marie-Anne) que la désignaient les aristocrates en signe de mépris. Elle porte un bonnet phrygien, comme les esclaves affranchis de l'Empire romain. C'est à la fois une guerrière (la liberté s'acquiert par les armes) et une mère nourricière et protectrice.

## « Les Français n'arrivent pas à faire le deuil de leur passé colonial. »

*L'imaginaire colonial a façonné la France au cours des deux derniers siècles. Nos arrière-grands-parents, grands-parents et parents allaient aux expositions de la Ligue coloniale et maritime, lisaient* Tintin au Congo, *gagnaient à l'école le jeu de l'oie colonial, découvraient au cinéma* Pépé le Moko *ou* L'Homme du Niger, *collectionnaient les vignettes Banania ou pique-niquaient au Jardin d'Acclimatation devant des Kanaks en cage.*

Interview de Pascal Blanchard, *La Fracture coloniale*, 2005

La France a été une grande puissance coloniale jusque dans les années soixante. Mis à part le cas de l'Algérie – qui n'était pas considérée comme une colonie, puisque c'était un département français – le processus de décolonisation s'est effectué dans une indifférence quasi générale de la part des Français… tandis que depuis les années quatre-vingt, le passé colonial de la France occupe effectivement une grande place dans les débats politiques.

En 2001, le parlement votait une loi qualifiant l'esclavage de « crime contre l'humanité » (« loi Taubira »)… mais le 23 février 2005, il votait une autre loi dont un des articles enjoignait aux enseignants de mettre en valeur « le rôle positif de la présence outre-mer, notamment en Afrique du Nord » (art. 4). Cette loi a provoqué un tollé contre ce que certains ont qualifié de « négationnisme colonial » ; elle n'a pas été abrogée, mais pour calmer les esprits, le Président de la République a demandé à ce que l'article en question soit réécrit. En mai 2005, un collectif se nommant par dérision « les indigènes de la République » lançait un appel aux « filles et fils de colonisés et d'immigrés » pour qu'ils luttent « contre l'oppression et les discriminations produites par la République postcoloniale ». En novembre 2005, était créé le Conseil représentatif des associations noires (le CRAN), dont l'objectif premier est d'exprimer « le besoin de reconnaissance et de mémoire » lié à l'histoire de l'esclavage et du colonialisme. Si le passé colonial de la France suscite aujourd'hui tant de polémiques, c'est qu'il a indubitablement des répercussions sociales, culturelles et économiques dans la société française, qui compte un grand nombre de Français issus de l'immigration postcoloniale (Afrique du Nord et Afrique noire) ou originaires des territoires d'outre-mer (essentiellement les Antilles). Des historiens, des sociologues, des hommes politiques mettent alors l'accent sur le fait que « le refoulé de la mémoire coloniale » n'a fait qu'entretenir « la fracture coloniale ».

## La constitution de l'empire colonial français

L'empire colonial français s'est constitué durant deux grandes périodes : d'abord aux XVII^e^ et XVIII^e^ siècles, ensuite au XIX^e^ siècle. À son apogée, sous Louis XIV, le premier empire colonial comprenait des territoires situés en Amérique (le Québec, la Louisiane, une partie des Antilles), en Afrique (actuellement Île de la Réunion et Île Maurice, des comptoirs au Sénégal et à Madagascar) et des comptoirs aux Indes. Le Code noir (1685) régissait le sort des esclaves dans les colonies (mariages, propriété des enfants, punitions, etc). L'esclavage, aboli par la Révolution française en 1794, rétabli par Napoléon en 1802, ne sera aboli définitivement qu'en 1848, sous la

Seconde République, avec maintien de certaines restrictions à la liberté individuelle. En 1814, la France ne conservait de son ancien empire colonial que la Martinique, la Guadeloupe, la Guyane, Saint-Domingue, Saint-Pierre et Miquelon, le Sénégal et quelques comptoirs en Inde.

Durant tout le XIX$^e$ siècle, la France construisit un nouvel empire colonial : l'Algérie (1830), la Cochinchine (devenue l'Indochine, 1858-1867), la Nouvelle Calédonie (1853), Djibouti (1888), Madagascar (1896), l'Afrique occidentale (1880-1900). La Tunisie et le Maroc devinrent des protectorats français (1912). Les conquêtes avaient commencé sous Louis-Philippe et Charles X, elles continuèrent avec Napoléon III et s'amplifièrent sous la III$^e$ République. À la veille de la Première Guerre mondiale, l'empire colonial (un empire où le soleil ne se couchait jamais...) comportait environ 50 millions d'habitants, hors métropole. La France était la deuxième puissance coloniale du monde, après l'Angleterre.

Les Français ont en réalité du mal à comprendre ce qui apparaît aujourd'hui comme un paradoxe : les républicains étaient à la fois des défenseurs des droits de l'homme et des impérialistes. L'expansion coloniale était justifiée par plusieurs arguments. Dans la concurrence avec les autres puissances, la France devait prouver qu'elle était toujours la « Grande Nation » (d'autant plus après la défaite de 1870 contre l'Allemagne). Pour devenir un grand pays industriel, il lui fallait accéder aux matières premières, avoir des débouchés commerciaux. La science était également invoquée, avec la connaissance de la faune, de la flore et des populations de territoires lointains. Mais ce qui était le plus mis en avant par les républicains pour emporter l'adhésion des

Français, c'était « la mission civilisatrice » de la France : « Les races supérieures ont à la fois des droits et des devoirs à l'égard des races inférieures », déclarait Jules Ferry à la Chambre des députés (1884). L'expansion coloniale n'était pas antinomique avec la Déclaration des droits de l'homme proclamant que les hommes étaient égaux, puisque les colonisés étaient des barbares !

C'est ce même argument qui permit d'édifier un droit colonial spécifique, en dépit des principes de la République « une et indivisible » et de « l'égalitarisme républicain ». La notion de race, confortée par l'anthropologie de l'époque, qui montrait que les Africains et les Asiatiques étaient des hommes inférieurs, a été centrale dans la pensée coloniale et dans le droit appliqué dans les colonies. Celui-ci distinguait deux catégories de populations : les colons étaient des citoyens titulaires de tous les droits civiques et économiques, mais pas les colonisés, que l'on appelait indistinctement dans toutes les colonies « les indigènes ».

Plus que d'autres territoires, qui n'ont jamais été considérés comme partie intégrante de la France (l'Afrique noire ou l'Indochine), l'Algérie illustre particulièrement les contradictions du mythe républicain. En Algérie – département français dès 1848 – il y avait une inégalité politique et juridique entre les habitants, fondée sur des critères raciaux. Le régime de l'indigénat, instauré dès les années 1830, et qui s'appliquera, avec quelques aménagements, jusqu'en 1945, soumettait les populations autochtones à un régime d'exception (juridictions spécifiques, vote dans des collèges différents). Le décret Crémieux (1870) donna la citoyenneté française aux juifs, mais pas aux musulmans.

Dans toutes les colonies, commencèrent à émerger,

à partir de la Première Guerre mondiale, des mouvements indépendantistes, souvent initiés par l'élite « indigène » ayant eu accès à l'enseignement dispensé par les instituteurs laïcs ou les missionnaires. Après la Seconde Guerre mondiale, ils prirent de l'ampleur. Alors que la Grande-Bretagne et les Pays-Bas accordaient l'indépendance à l'Inde et à l'Indonésie, la France s'efforça de sauver son empire colonial. En 1946, elle transforma l'empire en « Union française », le terme de « colonie » étant remplacé par l'expression « France d'outre-mer ». Elle accorda aussi à toutes ses populations la citoyenneté française, tout en perpétuant de nombreuses inégalités, notamment le maintien d'un double collège électoral, jusqu'en 1956 en Afrique noire, et 1958 en Algérie. Le processus de décolonisation s'engagea pourtant de façon inéluctable. Il fut pacifique dans la plupart des territoires, long et violent dans d'autres. En 1946, la France dut accepter, sous la pression de l'ONU, l'indépendance de la Syrie et du Liban. En 1956, la Tunisie et le Maroc, protectorats qui avaient refusé d'adhérer à l'Union française, devinrent indépendants sans violence. En 1954, la France perdit l'Indochine après une longue guerre (1946-1954), ce qui aboutit à l'indépendance du Laos, du Cambodge et à la partition du Vietnam. Dans l'esprit de nombreux Français, la guerre d'Indochine évoque une sévère défaite française (Dien Bien Phu), mais pas nécessairement une guerre de décolonisation.

L'indépendance politique des colonies d'Afrique noire fut acquise en plusieurs temps et sans trop de violences, excepté à Madagascar où en 1947, une révolte indépendantiste fut sévèrement réprimée, avec près de 100 000 morts. En 1956, la loi-cadre Defferre leur accorda une autonomie de gestion, avec des assemblées élues et un exécutif africain, qui restait toutefois présidé par un gouverneur colonial. En 1958, le général de Gaulle, de retour au pouvoir, leur proposa un projet de communauté franco-africaine prévoyant une semi-souveraineté, limitée à la gestion de leurs affaires intérieures. Les territoires consultés acceptèrent à une grosse majorité, sauf la Guinée, qui accéda aussitôt à l'indépendance (1958). Cette communauté franco-africaine fut de courte durée. En 1960, tous les anciens territoires de l'Afrique occidentale française (AOF) et de l'Afrique équatoriale française (AEF) demandaient et obtenaient sans combat leur indépendance, avec pour corollaire le maintien d'une coopération étroite avec la France. Une multitude de pays ont alors été créés : le Sénégal, la Côte d'Ivoire, le Mali, le Dahomey (futur Bénin), le Cameroun, le Togo, le Gabon, etc. La France a toujours considéré ces pays comme un « pré carré » où elle entendait conserver une influence prédominante. Au titre de la politique de coopération, elle leur accorde des aides, mais maintient une présence militaire prête à intervenir en cas de troubles politiques. Ces pays font toujours partie de « la zone franc » (le franc CFA est garanti par la banque de France), les échanges économiques sont importants, le français reste langue officielle, etc. À travers ces liens politiques, militaires, économiques, culturels, la présence française demeure importante, ce qui peut être ressenti par de nombreux Africains comme une forme de « néocolonialisme ».

Au terme de ce vaste processus de décolonisation, la France a conservé de son ancien empire quelques territoires, devenus en 1946 des départements et territoires d'outre-mer (les DOM-TOM). Situés pour la plupart dans des régions tropicales, leurs populations sont issues d'un brassage de plusieurs siècles entre habitants d'origine, descendants des esclaves noirs et des colons français. L'outre-mer a été réorganisé par la Constitution en 2003. La Martinique, la Guadeloupe, la Guyane et la Réunion sont toujours des départements (DOM), au même titre que les départements métropolitains. La Polynésie, Mayotte, Wallis et Futuna, Saint-Pierre et Miquelon (seul territoire situé en Amérique du Nord) ne sont plus des territoires d'outre-mer (TOM), mais des « collectivités d'outre-mer ». La Nouvelle Calédonie a, depuis 1998, un statut proche de l'indépendance, ses habitants ont la citoyenneté calédonienne.

Dans certains territoires, des mouvements indépendantistes se sont parfois élevés, avec plus ou moins de succès, contre le « néocolonialisme » français. Dans ces territoires, la langue officielle est le français, bien que la langue usuelle soit fréquemment le créole. L'économie reste globalement très dépendante de la France et plus de 50 % des habitants des DOM vivent en métropole. Depuis plusieurs décennies, on évoque souvent le fait que les DOM-TOM coûtent très cher au budget de la France… Comme en Afrique, le maintien de la présence française ne semble pas justifié par un intérêt strictement économique ; il s'inscrit dans des enjeux de stratégie géopolitique face aux autres grandes puissances.

Le dernier épisode de la décolonisation est la guerre d'indépendance de l'Algérie (1954-1962). C'est sans doute à travers la question de l'Algérie que le deuil du passé colonial est le plus difficile dans la société française. « L'Algérie, c'est la France », déclarait François Mitterrand à l'Assemblée nationale en 1954… Jusqu'à une date récente (1999), la France refusait même de reconnaître qu'il y ait eu une « guerre » : on continuait de parler des « événements d'Algérie ». La guerre ne fut pas uniquement un affrontement entre d'un côté des militaires français, de l'autre des indépendantistes algériens ; ce fut une guerre civile qui divisa profondément et les Français et les Algériens. Les événements d'Algérie ont conduit au « rappel » du général de Gaulle, ont entraîné la chute de la IV^e République et l'avènement de la V^e. Lorsque le général de Gaulle accepta d'engager avec les « rebelles » des négociations pour l'indépendance, des militaires français tentèrent un coup d'État contre le gouvernement français, un fait tout de même assez exceptionnel.

Quarante ans après la fin de la guerre, de violentes polémiques ont toujours cours, par exemple sur la reconnaissance de la torture ou sur celle du 17 octobre 1961 (assassinat de manifestants algériens par la police à Paris). Les débats sont d'autant plus vifs que les témoins de cette « guerre sans nom » sont nombreux à être encore vivants et à vivre en France : « rapatriés », militaires du contingent et harkis engagés dans les combats, anciens membres de l'OAS (le mouvement extrémiste de Français qui voulait conserver à tout prix l'Algérie française) ou membres du FLN (le mouvement de libération algérien). Rappelons qu'au moment de l'indépendance, les pieds-noirs ont pratiquement tous quitté l'Algérie, où ils vivaient depuis plusieurs générations, pour venir s'installer en France ; ces « rapatriés » n'ont pas nécessairement été très bien accueillis par la population française. Quant aux harkis, ces musulmans qui avaient choisi de combattre aux côtés des Français, ils ont finalement été considérés comme des traîtres, tant par les Français que par les Algériens. On les a parqués en France dans des camps, dans des conditions de vie extrêmement difficiles, et leurs enfants sont eux aussi victimes de nombreuses discriminations.

L'histoire de la colonisation française est encore en friche, sans doute parce que c'est un sujet toujours sensible. Quant à l'immigration postcoloniale, elle a été beaucoup étudiée en tant que « phénomène migratoire », mais sans réellement être analysée au regard du fait colonial. Ce ne sont pas les immigrés de la première génération qui ont demandé « une mise en examen » du passé colonial, mais leurs enfants (« la seconde génération »). Ils demandent à la France de faire « un devoir de mémoire », à la fois pour se réapproprier leur propre histoire et parce que celle-ci paraît expliquer en grande partie les discriminations dont ils sont victimes dans la société française. En juillet 2004, l'État français a annoncé la création d'une Cité de l'histoire de l'immigration. Elle ouvrira au printemps 2007 et sera située… dans l'ancien musée des Colonies.

## Les personnages historiques qui ont le plus marqué les Français

***Question posée : « En vous rappelant vos souvenirs d'école, quels sont parmi les suivants, les trois personnages historiques qui vous ont le plus marqué ? »***

| | Ensemble | -35 ans | 35-50 ans | +50 ans |
|---|---|---|---|---|
| Napoléon | 49 % | 44 % | 46 % | 57 % |
| Charlemagne | 45 % | 46 % | 56 % | 37 % |
| Jeanne d'Arc | 42 % | 48 % | 39 % | 39 % |
| Louis XIV | 39 % | 45 % | 32 % | 37 % |
| Vercingétorix | 25 % | 26 % | 29 % | 20 % |
| Henri IV | 25 % | 15 % | 24 % | 36 % |
| Robespierre | 18 % | 18 % | 18 % | 18 % |
| Louis XVI | 17 % | 19 % | 17 % | 14 % |
| Clovis | 12 % | 13 % | 14 % | 9 % |
| Saint-Louis | 12 % | 7 % | 14 % | 16 % |
| Aucun de ceux-là | 2 % | 2 % | 1 % | 1 % |

*(total supérieur à 100, en raison des réponses multiples)*

Globalement, le trio de tête est composé de Napoléon, Charlemagne et Jeanne d'Arc. Les réponses sont sensiblement différentes selon l'âge, mais aussi selon la proximité politique des répondants. Les Français de droite préfèrent Jeanne d'Arc et Napoléon... tandis que ceux de gauche citent plus volontiers Vercingétorix.

*Sondage IPSOS pour* France Soir, *octobre 1999*

## « En France, on a le culte des grands hommes et des commémorations. »

*Une nation est une âme, un principe spirituel. Deux choses qui, à vrai dire, n'en font qu'une, constituent cette âme, ce principe spirituel. L'une est dans le passé, l'autre dans le présent. L'une est la possession en commun d'un riche legs de souvenirs ; l'autre est le consentement actuel, le désir de vivre ensemble, la volonté de continuer à faire valoir l'héritage qu'on a reçu indivis. (...) Le culte des ancêtres est de tous le plus légitime ; les ancêtres nous ont faits ce que nous sommes. Un passé héroïque, des grands hommes, de la gloire (j'entends de la véritable), voilà le capital social sur lequel on assied une idée nationale.*

**Ernest Renan, « Qu'est-ce qu'une nation ? »**
**Conférence prononcée à la Sorbonne le 11 mars 1882**

Il est tout à fait vrai que les Français sont sans doute plus que d'autres attachés au culte des grands hommes et aux commémorations. Pour expliquer cette spécificité, on peut se référer à la conception française de la nation, définie ci-dessus par Renan. La nationalité s'enracine dans un passé commun, les liens culturels sont entretenus par des repères historiques ponctuant la vie des citoyens (les dates importantes, les grands hommes). Depuis 1998, le ministère de la Culture a même créé un Haut Comité des célébrations nationales, qui détermine et publie le calendrier des différentes commémorations et célébrations pour l'année à venir !

La célébration des grands hommes remonte au siècle des lumières, lorsque l'Académie française proposa pour son concours d'éloquence l'éloge des grands hommes de la nation. Elle se confirma au moment de la Révolution française : il s'agissait alors de remplacer le rituel royal et le culte des saints par une forme laïque. En 1791, l'église Sainte-Geneviève de Paris devint « le Panthéon des hommes illustres » et il fut proposé de graver sur son fronton : « Aux grands hommes, la patrie reconnaissante » (l'Église ayant été rendue au culte par Napoléon, la dédicace ne sera inscrite en lettres d'or qu'en 1837). Sous la IIIe République, les historiens ont construit les personnages mythiques qui ont fait la France, afin de façonner la mémoire nationale et le patriotisme. « Il y a eu parmi nos pères et nos mères dans le passé des hommes et des femmes héroïques ; le récit de ce qu'ils ont fait de grand élève le cœur et excite à les imiter » (*Le Tour de la France par deux enfants*, 1877). L'identité française s'est en grande partie construite – et continue de se construire – à travers l'enseignement de l'histoire et ses personnages de légende. Charles Martel a arrêté les Arabes à Poitiers en 732, Saint-Louis (1226-1270) rendait la justice sous un chêne, Jeanne d'Arc (1412-1431) était une sainte laïque qui résista aux envahisseurs anglais, Henri IV (1553-1610) voulait que tous les Français puissent manger de la poule au pot le dimanche, etc.

Les commémorations devaient développer le sentiment d'appartenance à une même nation. En 1878, on célébrait avec faste le centenaire de la mort de Voltaire et Rousseau. En 1880, le 14 juillet était proclamé fête nationale. En 1889, le centenaire de la Révolution française était l'occasion de grandes fêtes. En 1885, la République organisait des obsèques nationales pour Victor Hugo (10 000 personnes suivaient le cortège) et décidait de l'enterrer au Panthéon. C'est à partir de cette date que le

Panthéon est devenu définitivement un « temple laïque voué au culte des grands hommes ». Au gré du pouvoir politique en place, on vote le transfert de grands hommes au Panthéon et leur accueil est l'occasion d'une cérémonie nationale. On se souvient tout particulièrement du discours inspiré d'André Malraux, alors ministre de la Culture, lors du transfert des cendres de Jean Moulin, chef de la Résistance, le 19 décembre 1964 : « Entre ici, Jean Moulin, avec ton terrible cortège. (...) Entre avec le peuple né de l'ombre et disparu avec elle ! » Lorsque François Mitterrand fut élu président de la République en mai 1981, lors de son investiture, il alla déposer des roses dans la crypte du Panthéon, un geste évocateur du lien entre l'État et les grands hommes. La mise en scène de cette cérémonie fut grandiloquente et retransmise en direct à la télévision.

Ce culte des grands hommes en France est toujours vivace : on peut en voir pour preuve l'abondance et le succès des biographies ou des films consacrés à des hommes politiques, des intellectuels ou des artistes. La vogue des commémorations ne s'est jamais démentie. Le bicentenaire de la Révolution française a sans doute été la commémoration la plus fastueuse du XX<sup>e</sup> siècle. Il y a eu bien sûr le spectacle grandiose organisé par Jean-Paul Goude à Paris, mais la plupart des communes de France ont également tenu à marquer cet événement, par la plantation d'« arbres pour la liberté » ou l'organisation de spectacles son et lumière. Outre le bicentenaire, ces dernières années ont été ponctuées par les manifestations commémorant de grands événements nationaux : le millénaire capétien (987), le cinquantième anniversaire des débarquements de Normandie et de la Libération de la France (1944-1945) ; le 1500<sup>e</sup> anniversaire du baptême de Clovis

(496) ; le centenaire du manifeste d'Émile Zola (*J'accuse*, janvier 1898) ; le 150e anniversaire de l'abolition de l'esclavage (1848) ; le 400e anniversaire de la proclamation de l'édit de Nantes (1598) ; le bicentenaire de la naissance de Victor Hugo (1802), etc. Certaines commémorations font l'unanimité. C'est le cas des anniversaires des armistices ayant mis fin aux deux guerres mondiales : chaque ville et village de France a son monument aux morts et rend hommage ce jour-là aux « morts pour la patrie ». D'autres sont l'enjeu de batailles politiques et idéologiques. L'extrême droite française a refusé de fêter le bicentenaire de la Révolution. La commémoration annuelle, en mai, du massacre des derniers insurgés de la Commune de Paris devant le mur des Fédérés (1871), au cimetière du Père Lachaise, est suivie uniquement par « le peuple de gauche ». Le 17 octobre 1961 (pendant la guerre d'Algérie, la police française a jeté à la Seine de nombreux manifestants algériens) est commémoré depuis peu par la municipalité parisienne de gauche, mais toujours pas par l'État. Enfin, le 2 décembre 2005 devait célébrer en grande pompe le bicentenaire de la bataille d'Austerlitz ; la sortie très médiatisée, peu de temps avant, d'un ouvrage comparant la politique esclavagiste de Napoléon aux crimes d'Hitler (*Le Crime de Napoléon*, Claude Ribbe) a conduit les hommes politiques à être peu présents à la cérémonie…

Dans un ouvrage paru en 1992, *Les Lieux de mémoire* (dirigé par Pierre Nora), des historiens font un inventaire des figures et lieux emblématiques, qu'ils soient réels ou imaginaires, qui créent un lien d'identité nationale. Citons pêle-mêle Charlemagne, Jeanne d'Arc, Napoléon, Chauvin, le Panthéon, Vézelay, le Tour de France, le Petit Larousse, les monuments aux morts, etc. Ce terme a connu un tel succès que partout en France, on s'est mis à créer de nouveaux « lieux de mémoire », en souvenir du moindre personnage ou événement local. Le goût des Français pour les commémorations en tous genres semble donc toujours d'actualité !

## Jeanne d'Arc, héroïne nationale ou nationaliste ?

Jeanne d'Arc, quasiment oubliée pendant trois siècles, a pris une place centrale dans les querelles politiques du XIX$^{e}$ et du XX$^{e}$ siècle. Peu de personnages historiques ont été autant invoqués au service d'idéologies opposées, la gauche, la droite ou l'extrême droite...

En 1841, dans son *Histoire de France*, Michelet impose l'image d'une sainte laïque. La Pucelle est une fille du peuple, rebelle à l'autorité, qui a soulevé le pays contre l'envahisseur anglais. Elle a été une victime de l'Église catholique, puisque celle-ci l'a condamnée à être brûlée comme hérétique. La république anticléricale lui voue un véritable culte civique. Pour combattre ce culte, en 1869, monseigneur Dupanloup, évêque d'Orléans, demande qu'elle soit canonisée.

À la fin du XIX$^{e}$ siècle et au début du XX$^{e}$ (durant l'affaire Dreyfus), la droite catholique et nationaliste fait de Jeanne d'Arc l'incarnation de la France terrienne, catholique et patriote face aux intellectuels, étrangers, juifs, protestants, francs-maçons, etc. En 1909, Jeanne d'Arc est béatifiée ; en 1920, Rome accorde à la France (victorieuse de la guerre de 14) sa canonisation. Le parlement français décide de commémorer Jeanne d'Arc par un jour de fête nationale : il choisit le 30 mai, date de son exécution à Rouen.

Dans l'entre-deux-guerres, l'extrême droite fait de Jeanne d'Arc une anti-Marianne. Puis le régime de Vichy en fait son emblème (elle a lutté contre les Anglais...). Depuis les années quatre-vingt, le Front national a pris Jeanne d'Arc comme symbole de l'identité française face aux « envahisseurs étrangers ». Il fête Jeanne d'Arc le 1er mai, pour contrer la fête du Travail et de l'internationalisme ouvrier.

”

# FAUT-IL REFONDER LE PACTE RÉPUBLICAIN ?

## Les prud'hommes, une exception française

Les conseils de prud'hommes sont très anciens puisqu'ils datent de mars 1806. D'abord créés dans l'industrie de la soierie à Lyon, ils ont été généralisés à toute la France trois ans plus tard. S'ils sont souvent dénoncés comme une des rigidités du « modèle social français », c'est qu'ils font partie des garanties accordées par le droit du travail aux salariés.

Les conseils de prud'hommes sont des juridictions d'exception. D'une part, leur compétence se limite à l'examen des litiges relatifs aux contrats de travail privés (ce qui exclut les fonctionnaires) : licenciements abusifs, problèmes de congés payés, de paiement d'heures supplémentaires, etc. D'autre part, les juges (appelés « conseillers prud'hommes ») ne sont pas des magistrats professionnels, ce sont des élus, les uns par le collège des salariés, les autres par le collège des employeurs (tous les cinq ans). En outre, les juges salariés et les juges employeurs sont à parité, la présidence étant tournante. Chaque conseil de prud'hommes (il y en a 271 au total) est organisé en cinq sections (industrie, commerce, agriculture, activités diverses, encadrement), ce qui garantit encore plus une bonne connaissance des réalités du terrain par les juges.

Ce sont généralement les salariés qui s'adressent aux prud'hommes pour tenter de faire reconnaître leur droit. En 2004, les conseils ont reçu 207 770 affaires. 64,5 % des demandeurs ont obtenu un résultat positif à l'issue de la procédure. Contrairement à une idée reçue, avec la précarisation de l'emploi, le nombre de contentieux traités a plutôt tendance à baisser.

Les prud'hommes constituent bien une exception française. Dans certains pays, les conflits du travail relèvent de la justice ordinaire. Dans d'autres, ils sont traités par des tribunaux spéciaux, mais qui font intervenir soit uniquement des magistrats professionnels, soit un mixte de juges professionnels et de personnes n'appartenant pas à la magistrature.

## « Les Français sont très attachés à leur modèle social. »

*Le modèle social français n'est ni inefficace, ni périmé. Il a une grande ambition qui s'exprime d'une façon simple. C'est une harmonisation permanente vers le haut. Cela, il faut le garder. C'est en quelque sorte notre génie national.*

**Jacques Chirac, président de la République, interview télévisée du 14 juillet 2005**

Depuis quelques années, le « modèle social » français est au cœur de tous les débats politiques et sociaux. On l'oppose généralement au « modèle anglo-saxon » mis en place par M^me^ Thatcher, qui semble plus performant, puisqu'il affiche un taux de chômage beaucoup plus faible, grâce à une plus grande flexibilité des emplois et un coût du travail inférieur. Les employeurs l'accusent d'être un handicap à la compétitivité de l'économie française dans le contexte de la mondialisation… tandis que les syndicats veulent conserver ses principes fondamentaux. Les pouvoirs publics expliquent aux Français qu'il faut réformer profondément le système de protection sociale parce qu'il est au bord de la faillite. Certains hommes politiques proposent une « stratégie de rupture » ; d'autres déclarent qu'il faut « moderniser » notre modèle tout en conservant cette « exception française »… Selon un sondage récent, 60 % des Français considèrent que « le système est bon, même s'il a besoin d'être réformé », tandis que 30 % seulement pensent que « le système est mauvais, il faudrait le transformer » (TNS pour l'association Lire la politique, *Le Monde*, 10 janvier 2006). L'attachement des Français à leur « modèle social » ne serait donc pas une idée reçue.

Rappelons les caractéristiques principales du modèle français, constitutif du « pacte républicain » établi à la Libération (1945) : le poids de l'État comme régulateur de l'économique et du social, des services publics importants, un droit du travail fortement réglementé, une protection sociale élevée. Certains experts ajoutent le système public d'éducation gratuit, la reconnaissance des diplômes dans les grilles de classification, la promotion sociale, etc. Durant toute la période des trente Glorieuses (1945-1975), ce modèle n'a jamais été vraiment critiqué, puisqu'il fonctionnait relativement bien. Il a permis à la France de devenir une grande puissance industrielle. Les salariés bénéficiaient du fruit de la croissance, accédaient à la consommation et au confort. Le plein emploi assurait le financement du système de protection sociale.

Depuis 1974 (à la suite du choc pétrolier), la France vit une longue crise économique. Le taux de chômage semble stabilisé durablement autour de 10 % de la population active (soit plus de trois millions de demandeurs d'emploi), avec un grand nombre de chômeurs de longue durée. Face à ce constat, deux aspects du modèle social français sont principalement critiqués : la rigidité du droit du travail et la protection sociale. Notre droit du travail serait un frein à la flexibilité et à la vitalité économique. Quant à la protection sociale, son financement pèse lourdement sur le coût du travail et dans le budget global du pays (30 % du PIB en 2004)… sans qu'elle ait pour autant permis d'endiguer la montée des inégalités et de la grande pauvreté.

Par rapport aux autres pays occidentaux, la France se caractérise effectivement par un droit du travail assez contraignant pour les employeurs. En accordant une trop grande protection juridique aux salariés, celui-ci entraverait la création d'emplois : dans une économie de marché de plus en plus concurrentielle et fluctuante, les entreprises n'oseraient pas embaucher un salarié au moment où elles en ont besoin, par crainte des difficultés à le licencier si leurs commandes se raréfient. Le contrat de travail standard des salariés est encore aujourd'hui un contrat de travail à durée indéterminée (CDI), puisqu'en 2004, il représentait 87 % de l'emploi salarié (91 % en 1975), mais on a déjà beaucoup « flexibilisé » l'emploi, puisque 70 % des nouveaux contrats signés chaque année sont à durée déterminée (CDD). La flexibilité concerne donc en premier lieu les salariés ayant une faible ancienneté dans leur emploi. Depuis plusieurs années, le marché du travail s'est en fait dualisé, avec un clivage de plus en plus grand entre deux catégories de travailleurs. D'un côté, les salariés en CDI, relativement bien protégés par le droit du travail, auxquels il faut ajouter les fonctionnaires et les salariés des entreprises publiques, qui ont la garantie de l'emploi. De l'autre, des salariés précaires, qui alternent des CDD, des « petits boulots » (intérim, emplois saisonniers ou à temps partiel)... et des périodes de chômage.

Pour augmenter la flexibilité, le Parlement a voté en août 2005 une loi créant un « contrat nouvelle embauche » (CNE). Celui-ci permet aux entreprises de moins de vingt salariés de licencier un nouvel embauché pendant deux ans, sans avoir à fournir la moindre justification, quel que soit son âge. Le CNE n'a pas suscité de protestations car il concernait les petites entreprises et surtout des métiers manuels ou peu qualifiés. Selon la même logique, le Parlement a voté début 2006 la création d'un « contrat de première embauche » (CPE) s'appliquant aux jeunes de moins de 26 ans, quel que soit leur niveau de formation. Le CPE a provoqué une énorme vague de contestations de la part des étudiants et des lycéens, mais aussi de celle des salariés de tous âges… car il semblait annoncer une volonté politique d'engager une réforme profonde de l'ensemble du droit du travail. Il a finalement été abrogé en avril.

Le deuxième « pilier » du modèle social français souvent mis en cause est notre système de protection sociale. Rappelons d'abord ce que désigne ce terme, qui regroupe « l'ensemble des systèmes de prévoyance collective assurant une protection contre les aléas de la vie ». Il comporte en fait deux volets distincts : d'une part, un système d'assurances sociales ; d'autre part un système d'assistance sociale. Le premier, obligatoire pour l'ensemble des salariés depuis 1946, couvre la maladie, les accidents du travail, le chômage, la vieillesse ; les prestations sont contributives, c'est-à-dire qu'elles sont financées par des cotisations sur les salaires et versées aux assurés et à leurs ayants droit, dans la mesure où ils ont cotisé. Le système d'assistance (ou de solidarité) est attribué sans cotisations préalables : « Tout être qui, en raison de son âge, de son état physique ou mental, de la situation économique, se trouve dans l'incapacité de travailler a le *droit* d'obtenir de la collectivité des moyens convenables d'existence » (préambule de la Constitution de 1946).

Contrairement à une idée reçue, le système de Sécurité sociale français n'est pas géré par l'État. L'État organise le système, mais il en laisse la responsabilité aux intéressés : les caisses de Sécurité sociale (alimentées par les cotisations patronales et salariales) sont gérées paritairement par le patronat et les syndicats de salariés. Cette gestion « paritaire » est cependant devenue un peu formelle, puisqu'à différentes reprises, l'État a dû participer au financement des régimes déficitaires ou prendre des mesures pour leur éviter la faillite, en décidant d'augmenter les cotisations et/ou de réduire les prestations. D'abord conçu sous la forme d'une assistance, depuis 1958, le système d'assurance chômage fonctionne de la même façon, au sein des Assedic (Associations pour l'emploi dans l'industrie et le commerce). Puisque les prestations sont contributives, il faut avoir cotisé pour en bénéficier, ce qui exclut les jeunes et les chômeurs de longue durée lorsqu'ils ont épuisé leurs droits. On peut dire que globalement, en France, l'indemnisation du chômage est plutôt meilleure que dans d'autres pays ; ce qui pose surtout problème, c'est que la probabilité de retrouver rapidement un emploi est plus faible que dans bien d'autres pays. Tous les experts réfléchissent à de possibles réformes du marché de l'emploi. On évoque souvent la « flexisécurité », inspirée du modèle danois. Pour parvenir à concilier la quadrature du cercle – flexibilité de l'emploi et sécurisation des parcours professionnels – il faudrait favoriser la mobilité par la liberté de licenciement, tout en aidant les salariés à améliorer en permanence leur « employabilité », à l'aide de bilans de compétences, de validations des acquis de l'expérience (VAE), de formations ciblées, etc., pour leur permettre de retrouver rapidement un emploi.

Face à la montée de la pauvreté, le volet assistance (ou solidarité) est devenu, en France, de plus en plus important. Pour assurer un minimum vital à des personnes sans ressources, l'État a institué les minima sociaux : le revenu minimum d'insertion (le RMI, créé en 1988, est versé aux plus de 25 ans sans emploi, soit plus d'un million de personnes en 2004) ; l'allocation spécifique de solidarité (l'ASS, attribuée à des chômeurs ayant épuisé leurs droits et ayant eu une longue activité antérieure), l'allocation adulte handicapé, etc. D'un côté, ces minima sociaux sont critiqués parce qu'ils sont très faibles et qu'ils ne permettent pas de vivre « dignement ». De l'autre, ils sont parfois dénoncés comme des « trappes à inactivité », parce qu'ils n'inciteraient pas certaines personnes à travailler et les maintiendraient dans un processus d'exclusion. Ils font néanmoins maintenant partie du modèle social français, ceci d'autant plus dans une période où un Français sur deux redoute de vivre lui-même un jour l'exclusion… Des études comparatives montrent que près de 80 % des Français pensent qu'« il est normal que l'État donne un revenu minimum à ceux qui n'ont pas de travail » (sondage TNS-SOFRES pour Euro-RSCG, avril 2003)… alors que cette opinion semble beaucoup moins partagée dans les autres pays européens (49 % au Portugal, 51 % en Italie, 62 % au Royaume-Uni, etc.).

En fait, par rapport à 1945, notre système de protection sociale a considérablement évolué. Alors que la protection sociale était essentiellement liée à l'activité professionnelle, financée par des cotisations sur les salaires et gérée par les partenaires sociaux, elle a pris de plus en plus la forme d'aides financées par l'impôt et gérées directement par l'État. En outre, le financement du système d'assurances sociales a été modifié : il pèse moins sur les entreprises et de plus en plus sur les ménages. D'une part parce que les entreprises ont bénéficié d'allègements de charges sociales sur les bas salaires, pour diminuer le coût du travail. D'autre part parce que la mise en place de la CSG (Contribution sociale généralisée) en 1990, a étendu les prélèvements à l'ensemble des revenus des particuliers, notamment les retraites.

Pourquoi les Français restent-ils autant attachés à un modèle social qui semble impuissant à régler la question du chômage et à un système de protection sociale qui coûte très cher aux particuliers et à la collectivité ? Pourquoi sont-ils si nombreux à considérer le système anglo-saxon comme un modèle « repoussoir » ? Ce que montrent les sondages et les analyses, c'est que dans leur majorité, ils continuent à être demandeurs d'un État régulateur qui les protège face aux risques de l'ultralibéralisme, et d'un État-Providence qui leur vienne en aide dans les situations de détresse.

## Les services publics vus par leurs usagers

**Emploi, éducation** et **santé publique** demeurent les trois attentes prioritaires des Français en matière d'action publique. L'insatisfaction est écrasante concernant l'emploi (80 %), le bilan très mitigé sur l'Éducation nationale (49 %), et la satisfaction en forte baisse pour la santé publique (61 % de satisfaits, mais baisse de 9 points). À côté de ce trio, le baromètre enregistre depuis sa création en 2004 des évolutions fortes, constantes et inverses concernant le logement et la sécurité : tandis que le logement ne cesse de progresser (deux fois plus souvent cité comme prioritaire), la sécurité enregistre une baisse continue, passant en un an de la 3e à la 8e priorité.

Si les attentes sont grandes en ce qui concerne l'action de l'État dans ces différents domaines, le souci d'économie est lui aussi bien présent pour les contribuables. Une majorité écrasante de Français (90 %) estiment qu'il est possible d'améliorer la qualité de prestations des services publics sans augmenter les impôts, voire même en les baissant (39 %). Par ailleurs, s'il leur fallait choisir entre la baisse des impôts et la qualité des prestations, une majorité absolue de Français (55 % contre 40 %) privilégierait la première option. **La santé publique** et **l'Éducation nationale** sont des services publics satisfaisant leurs usagers et ils ne sont pas perçus comme coûtant trop cher à l'État. **La Sécurité sociale** et **la fiscalité** satisfont leurs usagers, mais coûtent aujourd'hui trop cher à la collectivité. **L'emploi** et **la justice** ne satisfont pas leurs usagers et pour eux, un investissement accru de l'État ne serait pas souhaitable. **La police** est un service public honorable (ou « moyen ») en terme de satisfaction et perçu comme ne coûtant pas trop cher à la collectivité.

*Le baromètre des services publics. Sondage réalisé par l'institut Paul Delouvrier, publié le 2 novembre 2005*

## « Les Français râlent contre l'État, mais ils en attendent tout. »

*Voici ces Français qu'on dit – plus que tous autres – ingouvernables ; qui détiennent le record des révoltes, des effondrements de régime, des luttes civiles, des malheurs collectifs. Et voici les mêmes passivement soumis à leur administration, et amoureux (toujours déçus) de l'autorité ; rebelles à leur État, en même temps qu'inaptes à vivre sans ce tuteur tracassier.*

**Alain Peyrefitte, *Le Mal français*, 1976**

Début janvier 2003, à l'occasion des vœux aux corps constitués, Jacques Chirac, président de la République, sommait la fonction publique de mettre un terme à « ses archaïsmes, contraintes, rigidités et lenteurs que vivent de plus en plus mal nos concitoyens ». Une semaine plus tard, Jean-Pierre Raffarin, alors Premier ministre, rendait hommage aux fonctionnaires en les qualifiant de « militants de la République ». On peut voir dans ces déclarations faites au plus haut sommet le reflet de sentiments contradictoires à l'égard de l'État. D'un côté, les services de l'État suscitent de nombreuses critiques pour leurs « dysfonctionnements », leur inefficacité, leur coût trop élevé. De l'autre, les attentes à leur égard sont toujours énormes dans de multiples domaines : l'emploi, la pauvreté, l'éducation, la santé, les entreprises en difficulté, la protection de l'environnement, etc.

Si aujourd'hui la droite libérale dénonce l'étatisme comme un anachronisme, un frein à la compétitivité économique du pays, s'opposant ainsi à la gauche, qui défend le maintien d'une présence de l'État dans de nombreux domaines… il faut se souvenir que pendant très longtemps, il y a eu en France un consensus sur « l'État à la française ». L'interventionnisme de l'État dans le domaine économique (le colbertisme) s'est exercé dès le XVII^e siècle : c'est à cette époque qu'a été créée la première « entreprise publique », la manufacture royale de meubles et de tapisseries de la Couronne, qui deviendra la manufacture des Gobelins. L'administration de l'Ancien Régime était organisée sur un modèle autoritaire que Napoléon n'a fait qu'accentuer. Avec la Révolution française et la doctrine républicaine, l'État s'est vu attribuer aussi un rôle de « producteur de la Nation » (unifier le territoire, lui donner une langue, une histoire, une culture communes) et d'« instituteur du social » (former des citoyens) (Pierre Rosanvallon, *L'État en France de 1789 à nos jours*, 1993). Pour renforcer la « République une et indivisible », il fallait un État puissant et centralisé (le jacobinisme). L'État éducateur organisait l'enseignement, l'État protecteur défendait les libertés fondamentales, l'État hygiéniste assistait les pauvres.

Le rôle de l'État s'est renforcé avec « le pacte républicain » établi à la Libération (1945), sans qu'il y ait de clivages sur ce point entre la droite et la gauche. Il lui revenait d'assurer la cohésion sociale, l'égalité et la solidarité entre les citoyens. L'État a été pendant plusieurs décennies le moteur de la modernisation du pays – en affectant des ressources aux secteurs jugés prioritaires, en soutenant l'investissement, en développant les infrastructures (transports, énergie, aménagement du territoire) – tout en veillant à conserver les équilibres économiques et sociaux. Il a organisé un système de « redistribution » à travers la mise en place des services publics et de l'État-providence (Sécurité sociale, retraite, chômage), etc. En 1946, il est aussi devenu un État-patron, en nationalisant une partie de l'appareil productif : les entreprises publiques avaient des devoirs que des entreprises classiques n'auraient pas pu assumer en considérant uniquement la logique de marché. Aux lendemains de la guerre, l'interventionnisme de l'État n'était pas une spécificité française, de nombreux pays s'inspiraient eux aussi du keynésianisme : la notion de monopoles « naturels » contrôlés par l'État se justifiait par des raisons politiques (l'indépendance nationale) et économiques (les infrastructures nécessitant de gros investissements). La singularité française a été de privilégier l'étatisme économique pendant plus longtemps que d'autres pays. Mais tout le monde s'accordait alors plus ou moins sur la nécessité d'un certain protectionnisme face à la concurrence étrangère et sur les effets vertueux de l'intervention de l'État. La plupart des « grands projets » français ont ainsi été mis en œuvre grâce à une intervention directe de l'État : le Concorde, Airbus, le RER, le TGV, le plan Calcul, le Plan sidérurgique, etc.

C'est le rôle de l'État employeur qui a toujours été le plus controversé. Les agents de l'État ont été dotés en 1946 d'un « statut de la fonction publique », en vigueur encore aujourd'hui. Pour qu'ils ne soient pas soumis à l'arbitraire du pouvoir politique et qu'ils assurent la continuité de l'État à travers les changements de gouvernements, les fonctionnaires sont recrutés par concours (gage d'impartialité et du niveau de savoir requis). Le statut leur garantit un emploi à vie, un déroulement de carrière, une retraite avantageuse, la possibilité de se syndiquer, le droit de faire grève, etc., des droits très critiqués aujourd'hui parce qu'ils feraient des fonctionnaires une catégorie de « nantis ». Quant aux personnels des entreprises publiques, ils ne sont pas fonctionnaires (ils relèvent du droit commun), mais ils bénéficient eux aussi d'un « statut » qui leur assure une bien meilleure protection que celle des salariés du privé (la garantie de l'emploi, des règles spécifiques en matière de carrière et de droit disciplinaire, une égalité de traitement entre les femmes et les hommes, une retraite indexée, etc.). Comme pour les fonctionnaires, leur embauche est soumise à des clauses de nationalité (française), d'âge et de moralité. Mais si le « statut » offre des droits... il donne aussi des devoirs, liés aux principes du service public. On a pu en voir une illustration lors de la tempête de décembre 1999 : les agents d'EDF, y compris les retraités, étaient tous « sur le pont », au nom de l'intérêt général et de leur appartenance au service public.

Dès les années soixante-dix, des critiques ont commencé à mettre en cause le rôle de l'État et des services publics. Des courants politiques libéraux ont accusé l'État de porter atteinte aux libertés individuelles, la gestion publique d'être moins efficace que la gestion privée ; ils dénonçaient aussi le poids exorbitant des prélèvements obligatoires en France. Alors que la tendance semblait s'orienter vers un certain désengagement de l'État dans la sphère économique, le choc pétrolier de 1974 modifia la donne : l'État intervint fortement dans la mise en œuvre de politiques visant à assurer l'indépendance énergétique du pays. Lorsque la gauche arriva au pouvoir (1981), François Mitterrand présentait « la nouvelle société » comme une société d'économie mixte, se méfiant aussi bien du « tout État » que « du moins d'État qui glisse vite au pas d'État du tout ».

Les débats se sont encore amplifiés avec la construction européenne. Les projets d'ouverture des services à la concurrence apparaissaient en contradiction totale avec le maintien des « services publics à la française ». Les sondages d'opinion ont toujours montré l'attachement persistant des Français à leurs services publics : ils refusent pour la plupart l'idée de leur privatisation, ils font plus confiance à l'État qu'au marché pour gérer les « missions de service public », pour prendre en compte l'intérêt général (avec des nuances selon les préférences politiques). Les représentants de la France en ont pris acte et se sont beaucoup battus au sein de l'Union européenne pour faire entendre la position française. Avec un certain succès, il faut le dire. Le traité d'Amsterdam (1997) a reconnu les « services d'intérêt général » comme composante des « valeurs communes » de la civilisation européenne, en soulignant leur rôle « dans la cohésion sociale et territoriale » (art. 16). La stratégie de Lisbonne, lancée par l'UE depuis 2000, affirme le rôle que peuvent jouer « des services publics de qualité » pour relancer la croissance et l'emploi en Europe.

Depuis vingt ans, de nombreux rapports publics ont été consacrés à la nécessaire « modernisation » de l'État : comment améliorer le fonctionnement des services publics et leurs relations avec leurs usagers tout en diminuant les coûts ? Pour favoriser l'administration de proximité, de nombreuses compétences de l'État ont été « décentralisées » vers les collectivités territoriales (départements et régions). Les gouvernements successifs essaient de profiter de l'opportunité de nombreux départs en retraite pour supprimer des postes de fonctionnaires. La loi organique relative aux lois de finances (la LOLF) adoptée en 2001, vise à améliorer la gestion des finances des administrations en l'ordonnant autour de « missions » (avec, comme dans les entreprises privées, des objectifs et une évaluation des résultats), tout en leur laissant une plus grande souplesse dans l'emploi de leurs crédits.

Aujourd'hui, les Français se comportent souvent à l'égard des services publics non plus comme des usagers, mais comme des clients exigeants. Ils ont d'énormes attentes… mais à un coût moindre, parce qu'ils aimeraient payer moins d'impôt et parce que la dette de l'État annoncée régulièrement par le ministre des Finances a de quoi les effrayer. Et pourtant, une bonne moitié (51 %) rejette l'idée qu'il y a trop de fonctionnaires, que ce soit dans les ministères (54 %), dans les collectivités locales (66 %) et encore plus dans les hôpitaux (96 %). Dans un contexte de rareté de l'emploi, beaucoup considèrent en fait que la fonction publique a comme intérêt de fournir des emplois, notamment aux personnes qui ont le plus de difficultés sur le marché du travail. 82 % des Français déclarent qu'ils encourageraient leur enfant à devenir fonctionnaire… (IPSOS / *La Gazette des communes* / *Le Monde*, mars 2006). Ce n'est donc pas une idée reçue de dire que les Français ont une relation pour le moins ambiguë avec l'État !

## « Les violences dans les banlieues montrent l'échec du modèle d'intégration à la française. »

*Je ne vois rien dans les événements eux-mêmes qui sépare radicalement les enfants d'immigrés du reste de la société française. J'y vois exactement le contraire. J'interprète les événements comme un refus de marginalisation. Tout ça n'aurait pas pu se produire si ces enfants d'immigrés n'avaient pas intériorisé quelques-unes des valeurs fondamentales de la société française, dont, par exemple, le couple liberté-égalité.*

**Emmanuel Todd, *Le Monde*, 13 novembre 2005**

En 1981, des « violences urbaines » éclataient dans le quartier des Minguettes, à Vénissieux ; en octobre 1990, c'était à Vaux-en-Velin, dans la banlieue lyonnaise ; en mai 1991, dans le quartier du Val-Fourré, à Mantes-la-Jolie. À l'automne 2005, des incidents du même type démarraient à Clichy-sous-Bois et gagnaient plus de deux cents villes, en région parisienne, mais aussi en province. Pendant deux semaines, il y eut de violents affrontements nocturnes entre des jeunes (des garçons âgés pour la plupart de 16 à 18 ans) et la police ; chaque matin, les médias faisaient le décompte des incendies de voitures et de bâtiments publics ou privés, du nombre de jeunes gens arrêtés, du nombre de blessés, etc. Puisque ces événements se déroulaient le plus souvent dans des cités de banlieues concentrant massivement des « jeunes issus de l'immigration », les médias français et étrangers présentaient ces « émeutes » comme le symptôme de l'échec du « modèle d'intégration à la française ». L'intégration des étrangers aurait été dans le passé une réussite, elle serait aujourd'hui en crise.

## L'immigration en France

La France a été un pays d'immigration à partir du milieu du XIXe siècle, au moment où commençait vraiment l'industrialisation, parce qu'elle avait besoin de main d'œuvre. Jusqu'à la Seconde Guerre mondiale, elle a accueilli des immigrants venant essentiellement des pays européens : Belgique, Italie, Espagne, Pologne. Après la Seconde Guerre mondiale, les immigrants venaient plutôt du Portugal et des anciennes colonies. La France a aussi été une terre d'asile pour des réfugiés politiques de tous bords : des « Russes blancs » au moment de la révolution bolchevique, des Arméniens rescapés du génocide turc, des juifs d'Europe centrale fuyant l'antisémitisme, des républicains espagnols après la guerre civile de 1936-1939, des Chiliens après le coup d'État de Pinochet, etc. La vie des étrangers en France n'a pas toujours été aussi idyllique que ce qu'on en dit aujourd'hui. Non seulement ils occupaient les emplois les plus difficiles, mais ils étaient souvent victimes d'une certaine xénophobie. Les Italiens étaient facilement traités de « ritals », les Polonais de « polacks », les juifs de « youpins », etc., et en cas de crise politique ou économique, ils étaient souvent pointés comme « ennemis de l'intérieur ». De fait, il y avait bien un clivage entre Français et étrangers, mais l'intégration se faisait généralement à travers les enfants, par l'école. Au-delà des apprentissages fondamentaux, l'école avait en effet pour mission d'inculquer les valeurs de la république, de former des citoyens. Georges Charpak (prix Nobel de physique en 1992), né à Varsovie, déclarait dans une interview qu'après quelques années d'école française, il se sentait « petit-fils de Vercingétorix et de Jeanne d'Arc » ! Les enfants d'immigrés devenaient français par « assimilation », en se fondant dans le « creuset républicain », en renonçant à leur langue d'origine et à leur culture.

Lorsqu'on évoque aujourd'hui la crise du modèle d'intégration, la question se pose en fait essentiellement pour les immigrés en provenance des anciennes colonies françaises d'Afrique du Nord et d'Afrique noire. Ce qui est surtout nouveau par rapport au « modèle » antérieur, c'est que cela concerne les enfants de la seconde ou de la troisième génération. Durant les trente Glorieuses (1945-1974), alors que l'économie française en pleine croissance avait de gros besoins de main-d'œuvre peu qualifiée, les gouvernements ont encouragé l'immigration de travailleurs en provenance des anciennes colonies. Ceux-ci étaient en général des hommes vivant comme des célibataires dans des foyers. Ils laissaient leur femme et leurs enfants « au bled », où ils retournaient pour les vacances et au moment de la retraite. Après « le choc pétrolier » (1974), la récession économique a conduit à stopper l'immigration légale de travailleurs, mais « le regroupement familial » (rétabli depuis 1976) a permis aux immigrés de faire venir leur famille. Les travailleurs immigrés originaires d'Afrique du Nord et d'Afrique noire ne sont plus en France en transit, ils y sont installés, ils y vivent en famille.

Leurs enfants et leurs petits-enfants sont des Français nés sur le territoire français. Mais bien qu'ayant la nationalité française, ils sont toujours qualifiés de « jeunes issus de l'immigration » (y compris quand ils ne sont plus très jeunes...). En rupture avec le principe de l'égalitarisme républicain, on fait sans cesse référence à leur origine ethnique (ils sont maghrébins ou africains, arabes, noirs ou métissés) et à leur religion, souvent l'islam (même s'ils sont nombreux à ne pas la pratiquer), une religion qui fait peur, régulièrement assimilée à « l'islamisme », voire au terrorisme. Ils sont suspectés d'avoir « une double culture », ce qui est considéré comme un refus du modèle « assimilationniste » de l'intégration. Le Haut Conseil à l'intégration, créé en 1990, après la première « crise » des banlieues, a pourtant écrit dans un de ses rapports : « Le modèle français d'intégration permet à tous d'accéder à une égalité de droits et de devoirs en permettant à chacun de conserver son particularisme, aussi spécifique soit-il, dès lors que sont respectées les lois de la République et les règles de la vie sociale » (1995).

Néanmoins, tout le monde a pris conscience que la France s'est métissée et qu'elle est devenue multiculturelle. En 1981, la « marche des Beurs » (de Marseille à Paris) scandait : « La France, c'est comme une mobylette. Pour avancer, faut du mélange. » En 1984, était lancé le mouvement SOS racisme, dont le slogan « Touche pas à mon pote » connut un immense succès. En 1998, après la victoire de l'équipe française de football au Mondial, les hommes politiques et les médias faisaient l'éloge de la France « black blanc beur » (un pied de nez au « bleu blanc rouge »). Dans les moments d'euphorie, on vante les mérites du modèle français d'intégration. Dans les périodes de crise, l'accent est mis sur la fracture sociale…

Ce qui est certain, c'est qu'il y a un vrai contentieux entre la France et les jeunes issus de l'immigration, car ceux-ci ont le sentiment d'être exclus de la société française. Ils sont peu représentés dans la vie politique ; de même dans les médias, où jusqu'à une date très récente, ils n'apparaissaient jamais comme journalistes. Au cinéma, on les voit le plus souvent dans des rôles de dealers ou de truands. En outre, ils ressentent une forme de ségrégation territoriale, puisque les cités ouvrières de banlieues dans lesquelles ils vivent sont devenues, au fil des ans, des ghettos pour immigrés. Le taux de chômage dans ces cités reflète d'évidentes discriminations à l'embauche, liées au nom et au prénom, à la couleur de la peau… et à l'adresse. Pendant longtemps, les discriminations raciales dans le travail sont restées occultées, puisqu'en vertu de l'égalitarisme inscrit dans le modèle républicain français, la loi interdit de collecter des données faisant apparaître « les origines raciales ou ethniques » ; seuls peuvent être recueillis et traités le nom du candidat à l'emploi ou de l'employé, son prénom, sa nationalité, sa nationalité d'origine le cas échéant, son lieu de naissance, la nationalité ou le lieu de naissance de ses parents, son adresse. C'est à partir de ces données que le Centre d'études et de recherche sur les qualifications (CEREQ) a pu montrer que les jeunes originaires du Maghreb, et à un moindre niveau ceux issus d'Afrique subsaharienne et d'Asie du Sud-Est, subissent bien une « pénalité à l'embauche » (2006). Ils ont un taux de chômage d'autant plus important qu'ils sont encore nombreux à quitter l'école peu ou pas diplômés (3 ans après, 30 % sont au chômage), mais les difficultés perdurent pour ceux, de plus en plus nombreux, qui ont un diplôme professionnel (CAP, BEP, Baccalauréat professionnel ou technologique) et même un diplôme de l'enseignement supérieur. Une enquête du Fonds d'action et de soutien pour l'intégration et la lutte contre les discriminations (2005) s'est intéressée spécifiquement aux enfants issus de l'immigration ayant accédé aux études supérieures : elle montre que plus le diplôme est élevé, plus il serait difficile pour un jeune diplômé issu de l'immigration de trouver un emploi, la discrimination jouant encore davantage pour les postes à responsabilité…

Les violences de l'automne 2005 dans les banlieues ont à nouveau mis l'accent sur l'écart entre les principes universalistes du modèle d'intégration à la française (l'égalité de tous les citoyens) et les difficultés évidentes rencontrées par des catégories de populations que l'on nomme pudiquement « les minorités visibles ». La lutte contre les discriminations est devenue une priorité de l'État, mais les hommes politiques, les sociologues, les journalistes, etc., divergent sur les moyens d'y parvenir. Certains prônent la mise en œuvre de mesures de discrimination positive, en fonction des appartenances raciales, telles qu'elles sont pratiquées notamment aux États-Unis. D'autres préfèrent conserver le modèle républicain français, fondé sur la laïcité et le rejet de toute forme de communautarisme, puisqu'il a fait ses preuves sur le long terme. Ils sont évidemment conscients qu'il faudrait améliorer l'accès à une véritable « égalité des chances », mais ils considèrent qu'il faut se baser sur des critères territoriaux et sociaux, surtout pas ethniques.

De fait, en France, un certain nombre d'expériences s'apparentent, sans l'annoncer explicitement, à des mesures de discrimination positive. L'exemple le plus médiatisé est celui de l'Institut d'études politiques de Paris, qui dure depuis plusieurs années et semble tout à fait réussi : des élèves de quartiers « sensibles » (essentiellement des « jeunes issus de l'immigration ») sont recrutés à Sciences-Po, non pas par le concours normal, mais sur dossier scolaire. Les écoles de police ont ouvert une voie particulière de recrutement pour « des élèves retenus selon des critères sociaux et géographiques ». La Charte de la diversité, initiée en octobre 2004 par l'institut Montaigne, un club patronal présidé par le patron d'Axa, Claude Bébéar, incite les entreprises à recruter des personnes d'origines culturelles « diverses ». Fin 2005, 231 entreprises l'avaient signée.

Ce qu'on observe au final, c'est que la France en vient peu à peu à adopter des mesures de discrimination positive, tandis que les pays de tradition « différentialiste » (États-Unis, Angleterre, Canada) regardent aujourd'hui avec un certain intérêt les principes « universalistes » du modèle français. Les politiques d'intégration des différents pays tendraient finalement à se rapprocher.

## Position sur le marché du travail des « secondes générations » selon le pays d'origine des parents

| | Hommes | | | Femmes | | |
|---|---|---|---|---|---|---|
| | Actifs | Chômeurs | Inactifs | Actives | Chômeuses | Inactives |
| **Italie-Espagne** | 88,7 % | 10,3 % | 1,1 % | 75,2 % | 13,6 % | 11,3 % |
| **Portugal** | 83,8 % | 14,3 % | 1,9 % | 74,7 % | 16,0 % | 9,4 % |
| **Algérie** | 74,8 % | 23,2 % | 2,0 % | 64,6 % | 22,3 % | 13,1 % |
| **Maroc-Tunisie** | 79,0 % | 19,4 % | 1,6 % | 66,4 % | 21,7 % | 11,9 % |
| **Afrique subsaharienne** | 78,1 % | 19,2 % | 2,6 % | 71,4 % | 18,8 % | 9,8 % |
| **Turquie** | 74,4 % | 21,2 % | 4,4 % | 39,4 % | 29,4 % | 31,2 % |
| **Asie** | 76 % | 22,7 % | 1,3 % | 75,9 % | 11,6 % | 12,6 % |
| **Natifs (Français d'origine)** | 88,3 % | 10,5 % | 1,6 % | 74,3 % | 13,5 % | 12,6 % |

*INED. Mobilité intergénérationnelle et persistance des inégalités. L'accès à l'emploi des immigrés et de leurs descendants en France (champ : population de 18 à 40 ans). Document de travail (2005) établi à partir de l'enquête INSEE Étude de l'histoire familiale, 1999.*

# À LA RECHERCHE DU FRANÇAIS MOYEN

## Les Français ont l'esprit cartésien

Si Descartes (1596-1650) est considéré comme notre philosophe national, il faut se souvenir que ses œuvres furent pendant longtemps mises à l'index par l'Église catholique et qu'il fut contraint de s'exiler aux Pays-Bas. Ce sont les révolutionnaires qui firent de Descartes un héros national, considérant que le doute cartésien et le rejet de l'argument d'autorité avaient contribué à ébranler le pouvoir de la monarchie. Pendant tout le XIXe siècle, les républicains vantaient Descartes et son rationalisme, tandis que la droite catholique l'exécrait. En 1937, la commémoration du tricentenaire de la parution du *Discours de la méthode*, premier ouvrage philosophique écrit en langue française, fut un grand moment de ferveur républicaine.

Aujourd'hui, les Français sont fiers de se sentir les héritiers de Descartes : ils seraient en quelque sorte cartésiens par nature. « Invoquer Descartes, ce n'est pas en appeler à une autorité, mais c'est s'autoriser d'une liberté de raisonner et de contredire, ce dont il a lui-même donné l'exemple » (François Azouvi, *Descartes et la France. Histoire d'une passion nationale*, 2002). Il est vrai que le système éducatif français inculque « l'esprit cartésien » : il forme « des têtes bien faites », aptes à disséquer un sujet avec un esprit analytique et critique, à se faire une opinion et à l'argumenter. Alors que les Anglo-Saxons privilégient le pragmatisme et le raisonnement inductif, les Français accordent la priorité à l'abstraction et à une approche déductive. Lorsqu'ils sont persuadés d'avoir une position logique et rationnelle, ils sont peu enclins à prendre en compte des avis divergents – facilement considérés comme stupides ou de mauvaise foi – et à négocier pour chercher un compromis. C'est pourquoi André Glucksmann considère que Descartes personnifie aussi trois traits de caractère profondément français : « l'inaptitude à tirer parti de l'expérience, l'incapacité de supporter la contradiction et le refus de changer d'avis devant une objection valable » (*Descartes, c'est la France*, 1987).

## « Le Français est arrogant, râleur et indiscipliné. »

*J'ai dit que vous étiez sceptiques, méfiants, parcimonieux. Le miracle, c'est que vous êtes également enthousiastes, confiants, généreux. Si demain vous deveniez disciplinés, exacts, silencieux, un grand malheur se serait abattu sur le monde. Car les défauts, chez vous, ne sont que l'envers de vos qualités. Votre nation de xénophobes est le refuge des étrangers ; vous ne résistez pas à la fraude et vous élevez vos enfants dans le culte du droit chemin ; votre peuple de petits bourgeois est celui des grands seigneurs ; vous êtes les gens les plus inhospitaliers de l'univers et votre pays est le plus accueillant du globe. S'il est vrai que le plaisir naît des contrastes, vous êtes le plus plaisant peuple de la terre.*

**Pierre Daninos, *Les Carnets du major Thomson*, 1954**

Une idée reçue fréquemment entendue de la part des étrangers est que les Français sont prétentieux, arrogants, hautains, méprisants : ils se croient toujours plus intelligents que les autres et ont une forte tendance à penser que la France est le nombril du monde. Les étrangers se moquent volontiers de ce sentiment de supériorité des Français qui se revendiquent comme les descendants de Descartes et de Voltaire, et se sentent porteurs d'un passé culturel sans équivalent dans le monde… alors qu'ils ne brillent pas par le nombre de leurs prix Nobel ! Cette arrogance ne serait pas seulement le fait des touristes, elle serait aussi pratiquée par les hommes politiques et les diplomates français, se comportant dans les négociations internationales comme si la France était toujours « la Grande Nation ». « En s'appuyant sur l'exemple d'intransigeance solitaire du général de Gaulle, les négociateurs français contestent toujours avec force, et non sans succès, le fait que la Fortune de l'Histoire a changé de cap depuis près d'un siècle et demi, laissant la France dénuée des moyens nécessaires de soutenir ses ambitions insatiables » (Charles Cogan, *Diplomatie à la française*, 2005). Le dernier exemple retentissant a été, en 2003, l'intervention de Dominique de Villepin, alors ministre des Affaires étrangères, contre la politique américaine en Irak.

Si l'arrogance à l'égard des étrangers semble être une constante, il faut ajouter que lorsqu'ils sont entre eux, les Français ont une forte tendance à l'autocritique ! Que ce soit dans les conversations de bistrot ou dans les articles de journaux, ils mettent toujours l'accent sur les aspects négatifs de la société française et le « déclin français ». On dit souvent que la culture française porte à la critique et au pessimisme : un Américain regarde en premier le côté positif des choses, tandis qu'un Français en voit d'abord le côté négatif. Il est vrai que l'école lui apprend dès son plus jeune âge qu'il peut toujours mieux faire, puisqu'on ne lui donne jamais la note maximum ; l'exercice de la dissertation le forme à contester toute idée énoncée (« oui, mais… »). Le système d'enseignement expliquerait ainsi la propension des Français à être par nature sceptiques et à prendre assez systématiquement le contre-pied de ce que disent les autres. Dans la vie professionnelle et en politique, on pratique plus volontiers la critique que la recherche du compromis, le compromis étant souvent plus ou moins confondu avec la compromission. Le consensus n'est pas très valorisé, il est d'ailleurs souvent qualifié de « consensus mou »... Même dans un repas entre amis, on n'hésite pas à se couper la parole, à hausser le ton, voire à se quereller, pour défendre son point de vue ou simplement pour le plaisir de la polémique. L'intelligence est censée se manifester par la contradiction et le sarcasme, tandis que l'approbation gentille serait plutôt le fait des imbéciles.

Les Français ont par conséquent la réputation d'être des « râleurs professionnels ». D'où le succès de cette phrase du journaliste Henri Rochefort : « Il y a en France 36 millions de sujets, sans compter les sujets de mécontentement » (1868). Les Français râlent contre leurs voisins, contre le mauvais temps, contre la vie chère, etc. L'État et les services publics constituent une de leurs cibles favorites : les policiers qui mettent des contraventions pour stationnement interdit ou excès de vitesse (près d'une contravention sur deux est contestée par lettre écrite), les agents de l'Équipement qui réparent la route et vont les mettre en retard, les éboueurs qui font du bruit trop tôt le matin, les bureaux de poste parce qu'on y fait toujours la queue. En toutes circonstances les Français râlent, parce qu'ils sont intimement persuadés que « si on ne râle pas, on n'obtient rien ». De même, les Français sont parfois qualifiés de « professionnels de la contestation », en raison de leur goût pour les pétitions et les manifestations. Ted Stanger, journaliste américain vivant à Paris (*Sacrés Français. Un Américain nous regarde*, 2004) raconte avec ironie : « Un jour, une syndicaliste m'a – involontairement – aidé à saisir la raison profonde de tous ces mouvements sociaux : si les salariés ne peuvent plus exprimer leur ras-le-bol, on risque une explosion sociale. » Plus sérieusement, on peut expliquer ce recours à la manifestation par l'absence d'une culture du compromis en France. Pour qu'une négociation s'engage, il faut toujours en passer préalablement par le rapport de forces, une grève ou un préavis de grève, ou encore une manifestation. Lors du conflit sur le contrat première embauche, en mars 2006, il a ainsi fallu un mois de manifestations quasiment quotidiennes pour que les syndicats soient reçus par le gouvernement...

Il y aurait aussi dans la culture française un vieux fond de contestation de l'autorité, repris par le célèbre slogan de mai 1968 : « Il est interdit d'interdire. » Contrairement aux Scandinaves ou aux Allemands, qui considèrent que l'autorité et les règles font partie du contrat social, les Français ne les considèrent jamais comme vraiment légitimes. La relation de sujétion leur est insupportable, elle est une atteinte à la liberté privée (« On est libre, Monsieur, on est en France ») ! Puisque personne n'envisage une application stricte de la loi, la stricte application de la loi est quasiment considérée comme une sanction. Dans *Les Carnets du major Thomson* (1954), Pierre Daninos note qu'il entendit un jour un douanier dire à un voyageur ayant commis deux infractions : « Si ça continue, vous allez m'obliger à appliquer le règlement ! » Les Français sont ainsi nombreux à éprouver un certain plaisir à fronder l'autorité, à transgresser les règles, à commettre de petites infractions, soit directement, soit par personne interposée. Un voyageur du métro refusera rarement à une personne sans ticket de passer avec lui dans le tourniquet. Sur la route, les automobilistes font des appels de phare pour prévenir les autres conducteurs de la présence de gendarmes ou de radars contrôleurs de vitesse. On sait aussi qu'en dépit des panneaux d'interdiction de fumer, la loi Évin est rarement respectée. En France, ce n'est pas le civisme qui amène à respecter le règlement, c'est la peur du gendarme. Dans certains pays, le fraudeur se verrait invectivé par ses concitoyens pour trouble à l'ordre public. En France, celui qui appelle au respect du règlement sans que ce soit dans sa fonction est plutôt mal vu : il est volontiers traité de « conformiste » ou pire encore, de « flic ». Quant à la dénonciation d'un fraudeur à la police, c'est quasiment assimilé à de la collaboration avec l'ennemi !

Les Français partagent enfin avec d'autres pays latins le goût pour la resquille, la combine, le système D (comme débrouillardise)… Ils resquillent en passant avant leur tour dans une file d'attente, les automobilistes ne respectent pas les passages pour piétons, les piétons ne tiennent pas compte non plus des feux pour traverser. Ils essaient en toute occasion d'invoquer des situations spéciales pour bénéficier de passe-droits ou d'arrangements particuliers, pour ne pas payer ou pour négocier une réduction à laquelle ils n'ont pas droit. Ils ne sont pas voleurs, ils sont débrouillards… mais la frontière entre la débrouillardise et la véritable fraude n'est pas toujours très claire. Quel Français n'a jamais emporté « par mégarde » le cendrier ou la serviette de bain de sa chambre d'hôtel ? Quel Français n'a jamais payé une facture d'artisan de la main à la main ou employé une femme de ménage au noir pour ne pas payer de taxes ? Quel Français paie ses contraventions quand il peut espérer une prochaine amnistie ? La fraude fiscale, souvent qualifiée de « sport national », est un délit qui coûte très cher à la collectivité, mais elle est relativement bien tolérée puisque c'est quasiment une situation de légitime défense face à l'agression de l'État !

Ces traits de caractère si typiques du « Français moyen » seraient-ils en voie de disparition ? Des travaux de sociologues avancent (avec prudence) qu'on observerait aujourd'hui chez les jeunes Français un

« recul de la permissivité », une demande de davantage d'autorité et de règles de vie en société. Ils se montreraient plus attachés que leurs aînés au respect de la légalité, qu'il s'agisse par exemple de la fraude à l'égard du fisc ou de la perception d'indemnités auxquelles on n'a pas droit. La liberté privée ne leur paraîtrait plus nécessairement contradictoire avec l'ordre public. « La question reste ouverte de savoir si la demande de règle et d'autorité que l'on enregistre actuellement traduit une évolution à long terme de la culture française, qui tendrait à la rapprocher des pays protestants d'Europe du Nord, ou si (...) elle ne consiste qu'en une sorte de correction technique par rapport aux valeurs de mai 1968 » (P. Brechon, *Les Valeurs des Français*, 2000).

### Les Français sont libertins

Dans de nombreux pays étrangers, les Français sont souvent considérés comme des « libertins », à savoir des spécialistes de l'amour... ou des obsédés sexuels, selon qu'ils provoquent l'attirance ou le dégoût. Le « french lover » est un maître dans l'art de la séduction, c'est un baratineur et un bon amant, mais il est volage. La femme française a une image de fille facile et dévergondée. Les « petites femmes de Paris » sont censées avoir des talents exceptionnels en amour, à tel point que les prostituées les plus convoitées et les plus chères sont françaises ou se donnent un prénom français ! « La réputation qu'ont les Françaises d'être des objets sexuels est si répandue que beaucoup de Parisiennes se font passer pour des Suissesses ou des Belges, afin d'éviter l'inévitable clin d'œil paillard lorsqu'elles déclarent : "je suis française" » (Michèle Sarde, *Regard sur les Françaises*, 1985).

Le libertinage était, au départ, un mouvement philosophique qui n'avait pas grand-chose à voir avec ce que l'on entend aujourd'hui sous ce terme... C'est au XVII^e^ siècle, au moment où la morale chrétienne était toute puissante en Europe, qu'est né en France le libertinage : il revendiquait une liberté intellectuelle, prônait le refus de la soumission aux dogmes et à la morale de la religion catholique. Le personnage de Dom Juan, chez Molière (1665), considéré comme la figure type du libertin, est un libre penseur avant d'être un séducteur. C'est avec le marquis de Sade (1740-1814), auteur des *Cent vingt journées de Sodome ou l'école du libertinage* que les écrits libertins ont également exalté la licence sexuelle. Poursuivi pour « débauche outrée » et apologie du vice, « le divin marquis » échappera de peu à la guillotine et passera vingt-huit ans en prison. C'est avec Sade que le libertinage a pris le sens péjoratif de débauche, de jouissance sans interdits, avec toutefois une nuance de préciosité. Partiellement inédits, ses écrits ont été redécouverts au XX^e^ siècle par les surréalistes et diffusés à un large public. Les écrivains contemporains qui font l'éloge du libertinage, tel Philippe Sollers, insistent toujours sur le fait que la liberté des mœurs est associée à une liberté de pensée. Aujourd'hui, le terme de libertinage est souvent utilisé pour désigner les pratiques échangistes.

Les Françaises et les Français seraient-ils réellement plus coquins en amour que les autres ? Ils auraient effectivement, au cours de leur vie, plus de partenaires que dans d'autres pays (16 en moyenne, soit plus du double de la moyenne mondiale) et les relations extra-conjugales des hommes politiques ne provoquent pas vraiment d'indignation... Toutes les enquêtes font apparaître une assez grande tolérance à l'égard de toutes les pratiques sexuelles (homosexualité, bisexualité, échangisme, etc.), pourvu qu'elles soient le fait d'adultes consentants. Mais des sondages montrent que les « pratiques libertines » – qu'il s'agisse d'aller dans des clubs échangistes ou d'avoir des partenaires multiples – concerneraient moins de 5 % des Français.

## « Le Français a souvent le cœur à gauche et le portefeuille à droite. »

*À mes yeux, le Français du XXIe siècle se comporte à l'égard des questions financières comme l'Anglais de l'époque victorienne le faisait en matière de sexe : en affichant une répugnance que je suspecte être une obsession. (...) En définitive, la société française est bien fondée, comme les autres, sur l'argent, mais il n'est pas bon de le dire. Parler argent, cela implique le recours aux chiffres, et les chiffres, eux, ne mentent pas. Ils sont là pour rappeler aux Français qu'ils ne sont pas tous égaux. Honte à elle, la République française n'a pas atteint son idéal égalitaire.*

**Ted Stanger,** ***Sacrés Français ! Un Américain nous regarde,*** **2004**

Il y a un dicton que tous les Français connaissent : « L'argent ne fait pas le bonheur »... mais ils sont nombreux à s'empresser d'ajouter : «... mais il y contribue ». Le rapport des Français à l'argent a toujours été assez ambigu. La littérature leur a montré que l'argent rendait les hommes fous, méprisables ou ridicules (Molière, Balzac, Zola, Péguy, etc.). L'Église catholique leur a enseigné qu'il était « plus facile à un chameau de passer par le chas d'une aiguille qu'à un riche d'entrer dans le royaume des cieux ». L'hostilité affichée par l'Église à l'égard de l'argent a laissé pendant très longtemps le secteur bancaire aux Juifs, ce qui a contribué à entretenir l'antisémitisme. La morale catholique condamnait la spéculation, mais elle encourageait l'épargne, considérée comme une vertu. Dès leur plus jeune âge, les Français apprenaient, avec la fable de La Fontaine, les malheurs de la cigale et les mérites de la fourmi…

La morale républicaine s'est inscrite dans la continuité de la morale catholique en condamnant le profit. Elle a entretenu chez les Français une sorte d'antipathie viscérale pour les « gros capitalistes », accusés de s'enrichir sans scrupules sur le dos des « petites gens », et pour les « deux cents familles » soupçonnées de détenir tout le pouvoir économique en France. Le personnage populaire de Jacquou le Croquant, créé par Eugène Le Roy en 1900, était le symbole de la révolte des « petits » contre les « gros ». Dans le même temps, les Français de tous les milieux perpétuaient une tradition catholique et « bourgeoise » : le goût pour l'épargne et l'horreur du gaspillage.

Max Weber a expliqué que la religion protestante, en valorisant la réussite individuelle et l'accumulation des richesses, avait été un facteur favorable au développement du capitalisme, en Allemagne ou en Angleterre, par exemple. L'industrialisation tardive de la France s'expliquerait en partie par sa culture catholique. Les Français investissaient rarement dans les affaires ou le commerce, considérés comme des placements à risque. Les aristocrates et les bourgeois dotés d'un patrimoine achetaient de préférence de la terre ou de la pierre, des valeurs sûres pour pouvoir vivre de leurs rentes. Les Français ayant un peu d'argent « de côté » (« un bas de laine »), quand ils ne le gardaient pas tout simplement dans une lessiveuse ou sous leur matelas, optaient généralement pour un placement peu risqué. C'est ainsi qu'à la fin du XIXe et au début du XXe siècle, de très nombreux Français achetèrent des emprunts russes (soutenus par l'État français, ils garantissaient à leurs détenteurs une sécurité à 100 %). Les petits porteurs se retrouvèrent totalement ruinés après la révolution russe...

L'argent est longtemps resté, en France, une sorte de tabou. Stendhal écrivait à propos de la petite bourgeoisie de province que c'était « une nécessité de la vie, indispensable malheureusement comme les lieux d'aisance, mais dont il ne fallait jamais parler » ! On ne devait pas demander à quelqu'un, y compris un proche, combien il gagnait et il était de très mauvais goût de parler d'argent dans un dîner. Il était très vulgaire de faire étalage de sa richesse en s'affichant avec des objets de luxe (bijoux, vêtements, grosses voitures, etc.). On se faisait alors traiter de « parvenu », l'insulte suprême ! Un des paradoxes d'une société affichant le principe de l'égalitarisme républicain est qu'on a toujours eu plus de mépris pour un « nouveau riche » que pour une personne ayant une fortune de naissance ; curieusement, le patrimoine dont on hérite bénéficie de plus de considération que l'argent gagné par soi-même.

Un autre paradoxe est que les représentations sur l'argent ont commencé à évoluer dans les années quatre-vingt… au moment où la gauche arrivait au pouvoir. La réussite économique était moins suspecte, elle est même parfois devenue exemplaire. Durant « les années Tapie », on a parlé de « culte de l'entreprenariat » : on vantait les chefs d'entreprise qui prenaient des risques et créaient des emplois, et on considérait que cela méritait de grosses rétributions. C'est à cette époque qu'il y a eu un véritable engouement pour la Bourse et que les jeux de hasard ont explosé. L'enthousiasme pour la Bourse s'est bien calmé depuis, mais pas celui pour les jeux. Selon la Française des Jeux, deux Français sur trois jouent au moins une fois par an au Loto et autres cartes à gratter.

Les Français se sont convertis à l'idée qu'il est agréable de dépenser de l'argent pour se faire plaisir, même s'ils hésitent à s'endetter. Quand ils empruntent de l'argent, c'est le plus souvent pour un objectif bien précis : acheter leur appartement (un Français sur deux est propriétaire de son logement) ou leur outil de travail (les agriculteurs sont extrêmement endettés). Les Français ont globalement un taux d'endettement parmi les plus faibles d'Europe (62 % du revenu disponible), mais avec des disparités importantes, puisqu'il y a de plus en plus de personnes surendettées. Le recours fréquent à la carte bancaire, la multiplication des cartes de crédit à la consommation – qui rendent l'argent de plus en plus virtuel – ont semble-t-il beaucoup contribué au développement de ce phénomène. Les pouvoirs publics ont dû prendre des dispositions pour permettre aux ménages surendettés de trouver des solutions à l'égard de leurs créanciers tout en conservant un minimum vital. En 2002, 145 000 personnes ont déposé un dossier de surendettement.

Il est certain que la relation à l'argent tend à se modifier. On demande plus facilement à un ami combien il gagne, combien il a payé sa voiture, son appartement… ou son pull-over. C'est même devenu « tendance » de dire qu'on a fait une « super affaire » ou qu'on a marchandé le prix avec le vendeur. On parle beaucoup dans les magazines des « nouveaux radins », que l'on peut rencontrer dans tous les milieux, y compris assez aisés : ils se vantent de pratiquer « l'art » de faire des économies. Ils font leurs achats dans des magasins *hard discount*, ils acquièrent des produits de seconde main dans les vide-greniers, les dépôts-vente ou sur des sites internet. Ce refus d'une consommation outrancière est souvent justifié par une idéologie : consommer moins pour préserver la planète. Il rejoint en cela les préoccupations éthiques des Français, qui veulent se comporter en « consommateurs responsables ». Selon une étude du CREDOC (2002), quatre Français sur dix tiendraient compte dans leurs achats des engagements de citoyenneté de l'entreprise productrice et une personne sur deux se déclare prête à payer plus cher pour des produits « éthiques ». Les Français sont ainsi de plus en plus sensibles à l'utilité sociale de leur argent, ce qui se traduit aussi par une considérable augmentation des dons aux associations (encouragés par des déductions fiscales).

Les Français ont cependant conservé un côté « fourmi », avec un taux d'épargne parmi les plus élevés d'Europe (15 % des revenus disponibles). Ils mettent de l'argent de côté pour « les coups durs », pour préparer leurs vieux jours (une maison de retraite coûte très cher) ou pour aider leurs enfants. La tradition voulait que même les gens modestes essaient de laisser un petit héritage à leurs enfants, pour les aider à démarrer dans la vie. Aujourd'hui, en raison de l'allongement de la durée de vie, c'est à 53 ans en moyenne que les Français touchent un héritage (selon la direction des Impôts). La solidarité financière entre générations s'exerce d'une autre façon. Quand ils le peuvent, les parents aident leurs enfants à acheter un appartement (ou leur première voiture), ceci d'autant plus que la fiscalité les encourage à faire des donations de leur vivant. Quand il s'agit de gérer leur épargne, les Français sont redevenus très prudents. Ils investissent d'abord dans l'immobilier (plus de 50 % de la richesse nationale) et en second lieu dans des placements peu risqués : le livret d'épargne (pratiquement tous les Français en ont un), le compte épargne logement, les assurances vie.

« L'argent qui corrompt, l'argent qui achète, l'argent qui écrase. L'argent-roi qui ruine et qui pourrit jusqu'à la conscience des hommes », déclarait François Mitterrand (1971). Les scandales financiers, les affaires de corruption ou de détournement d'argent public qui ont éclaté au grand jour ces dernières années n'ont fait que conforter les représentations des Français sur l'argent « sale ». Un sondage récent (sondage Louis Harris publié dans *Libération* le 4 novembre 2005) montre que de nombreux Français ont toujours une grande défiance à l'égard du capitalisme, qui signifie « la liberté d'entreprendre et de créer » (pour 66 % des interviewés), mais aussi « l'accumulation de richesses entre les mains d'un petit nombre de personnes » (pour 45 %) et « l'exploitation de l'homme par l'homme » (pour 41 %). Le socialisme (51 % de jugements positifs) a en fait bien meilleure presse que le libéralisme (38 %), qui lui-même est préféré au capitalisme (33 % seulement de jugements positifs). Ces opinions correspondent évidemment à des clivages politiques. On n'est pas surpris que le capitalisme soit mieux accepté par les sympathisants de la droite (UDF-UMP : 60 % de perceptions positives) que par les sympathisants de la gauche (PC-PS-Verts : 79 % de perceptions négatives). Ce qui est plus étonnant, c'est que le capitalisme évoque quelque chose de négatif pour un tiers des personnes sans proximité partisane… et pour 38 % des sympathisants de droite.

Les Français vivent dans une économie de marché et ils ont l'air de plutôt bien s'en accommoder, mais la critique anticapitaliste demeure très vivace. « Les Français ont le cœur à gauche et le portefeuille à droite », aurait dit André Siegfried (1875-1948), géographe et homme politique, dans les années trente. Cette idée semble s'avérer aujourd'hui encore assez juste !

## « La femme française est devenue l'égale de l'homme dans bien des domaines. »

*Les jeunes Françaises d'aujourd'hui entendent revendiquer l'égalité, pour tout ce qui concerne leurs droits, leur carrière, leur liberté personnelle (sexuelle et autre) et le mariage : plus question que leur époux prenne toutes les décisions, sans se charger d'aucune corvée ! Elles sont, dans leur majorité, hostiles au phallocratisme et le combattent. Mais elles souhaitent aussi continuer à être courtisées ! Comme disent les Anglais, elles veulent « le beurre et l'argent du beurre ».*

John Araghi, *Ces drôles de Français. Voyage au cœur de la France profonde*, 1989

Les femmes françaises ont effectivement acquis une totale égalité de droits avec les hommes : l'accès à toutes les formations et à tous les métiers, l'égalité dans l'éducation des enfants et dans la gestion des biens de la famille, etc. Elles considèrent pourtant qu'il reste beaucoup de chemin à parcourir pour parvenir à une égalité de fait…

Dans la France de l'Ancien Régime, les jeunes filles étaient soumises à l'autorité de leur père, les femmes mariées à celle de leur mari. La Révolution accorda quelques droits aux femmes, notamment par une loi autorisant le divorce (1792). Mais le Code civil de Napoléon (1804) s'empressa de revenir sur ces droits, en instaurant l'incapacité juridique totale de la femme mariée : interdiction de gérer ses biens ou de signer un contrat, de travailler sans l'autorisation du mari, de toucher elle-même son salaire, de voyager à l'étranger sans autorisation, contrôle du mari sur la correspondance et les relations, interdiction d'accès aux lycées et aux universités, exclusion totale des droits politiques, etc. En 1848, on proclamait le suffrage universel… sauf pour les femmes. À partir des années 1880, sous la IIIe République, de nombreuses jeunes filles accédèrent à l'instruction publique… tout en étant maintenues dans une infériorité juridique. En 1940, le gouvernement de Vichy interdisait l'embauche de femmes mariées dans la fonction publique ou parapublique… Il a fallu attendre la fin de la Seconde Guerre mondiale pour que le Code Napoléon commence à être sérieusement mis en cause. En 1944, les femmes obtenaient enfin le droit de vote. La France était un des derniers pays européens à le leur accorder ! Dans son préambule, la Constitution de 1946 reconnaîssait le principe de l'égalité de droits entre les hommes et les femmes. Du principe à la législation… il y a encore eu de longues années. Les changements juridiques se sont vraiment accélérés à la fin des années soixante et dans les années soixante-dix, sous l'impulsion notamment des mouvements féministes : le droit de travailler et d'ouvrir un compte bancaire sans le consentement du mari (1965), le principe « à travail égal, salaire égal » (1972), la loi sur l'égalité professionnelle (1983), etc.

Un des faits les plus remarquables depuis trente ans est l'augmentation de l'activité des femmes : 80 % des femmes âgées de 25 à 54 ans travaillent, alors qu'elles n'étaient que 40 % au début des années soixante. Une des spécificités françaises est que le taux d'activité professionnelle des femmes diminue peu avec la naissance des enfants : il est de 83,8 % pour les femmes ayant un enfant, de 74,5 % lorsqu'elles en ont deux ; il ne chute vraiment qu'à partir du troisième, avec tout de même 50,7 % de femmes actives. À l'exception des femmes très faiblement qualifiées, les Françaises n'ont donc pas envie de renoncer à leur métier ; elles tiennent à leur autonomie économique, car le modèle de « la femme au foyer » est très dévalorisé.

L'accès massif des femmes à l'enseignement et à l'emploi ne s'est pourtant pas traduit par une réelle mixité des filières d'enseignement et des emplois. Les femmes sont plus nombreuses que les hommes à détenir un diplôme d'enseignement supérieur (et moins nombreuses à quitter le système scolaire sans aucun diplôme), mais elles sont encore peu présentes dans les filières scientifiques et techniques les plus prestigieuses. Bien que les métiers interdits aux femmes soient aujourd'hui très rares, il subsiste une représentation des métiers très sexuée. Les femmes travaillent encore souvent dans des emplois et des secteurs traditionnellement féminins : le secrétariat, l'administration, l'enseignement, les professions intermédiaires de la santé, la vente, les services domestiques. Il faut cependant noter qu'elles sont devenues majoritaires dans les professions telles que médecins, magistrats, avocats, journalistes.

La France est plutôt en retard sur la plupart des autres pays industrialisés pour l'accès des femmes au pouvoir économique. Au moment de l'embauche et dans les premières années de leur parcours professionnel, elles rencontrent de moins en moins d'obstacles liés à leur sexe, mais les choses se gâtent vers l'âge de 30-35 ans, lorsque se joue la carrière. Elles se heurtent alors à ce qu'on nomme aujourd'hui « le plafond de verre », ces « barrières invisibles, artificielles, créées par des préjugés comportementaux et organisationnels, qui empêchent les femmes d'accéder aux plus hautes responsabilités » (définition du Bureau international du travail, 1997). Dans les entreprises privées, où les femmes constituent 45 % des salariés, il y a moins de 30 % de femmes cadres ; dans les entreprises de plus de 500 personnes, elles ne sont que 7 % à occuper des fonctions dirigeantes, et c'est souvent dans la communication ou les ressources humaines.

Quant aux femmes peu qualifiées, elles sont plus exposées que les hommes au chômage (60 % des chômeurs… sont des chômeuses), à la précarité et au sous-emploi, et ceci dans toutes les tranches d'âge. Les femmes occupent 80 % des emplois à temps partiel, souvent non choisi. Parmi les « travailleurs pauvres » – qui ont un emploi, mais des revenus extrêmement faibles – on compte 80 % de femmes.

Dans la vie politique, le retard des femmes françaises dans l'accès aux responsabilités est flagrant par rapport à de nombreux autres pays. Depuis la Libération, la France a eu une seule femme Premier ministre (Édith Cresson), et pendant peu de temps (1991-1992). En 2000, après vingt ans de débats, une loi dite « loi sur la parité » a institué un quota obligatoire de femmes sur les listes électorales, afin de « favoriser l'accès des femmes aux mandats électoraux et aux fonctions électives ». Il aura fallu une révision de la Constitution pour parvenir à cette forme de discrimination positive, contraire aux principes de l'égalitarisme républicain. Les premiers bilans de cette loi montrent qu'elle a surtout permis d'augmenter le nombre de femmes dans les conseils municipaux et régionaux. Au Parlement, les femmes ne représentent encore que 12, 3 % des députés et 16,9 % des sénateurs.

Mais c'est peut-être dans la sphère privée qu'il y a le plus de progrès à faire pour que l'égalité devienne effective… Les femmes continuent à consacrer deux fois plus de temps que leur compagnon aux tâches domestiques et à leurs enfants (courses, ménage, linge, repassage, etc.) : 33 heures en moyenne par semaine, contre 16 h 30 pour les hommes… soit 8 minutes de plus qu'il y a dix ans (selon l'INSEE) ! Ces inégalités ne font que s'aggraver lorsque les couples se séparent puisque dans la majorité des cas, les enfants vivent avec leur mère. Un mariage sur trois finit par un divorce… sans compter les séparations de couples non mariés, et le plus souvent, ce sont les femmes qui demandent la séparation. Plutôt seule que mal accompagnée… c'est le choix assumé par les femmes, parce qu'elles travaillent et ont une autonomie financière. Mais elles le paient parfois très cher puisque le chômage et la précarité, auxquels il faut ajouter les pensions alimentaires non réglées, peuvent les faire basculer vers la pauvreté.

Ce qui ferait la singularité des femmes françaises, c'est qu'elles veulent tout à la fois ! Elles font des enfants tout en continuant massivement à travailler, elles veulent une reconnaissance de leur égalité avec les hommes… sans pour autant renier leur « féminité ». Même à la grande époque du mouvement de Libération des femmes (le MLF), dans les années soixante-dix, il n'y a jamais eu vraiment en France de « guerre des sexes ». Que ce soit dans la vie sociale ou professionnelle, les femmes françaises apprécient la compagnie des hommes et réciproquement. Elles aiment être séduisantes et courtisées, quel que soit leur âge, leur situation matrimoniale ou leur statut professionnel !

## L'opinion des femmes sur l'évolution de leur condition

***Question : Diriez-vous qu'aujourd'hui l'égalité entre les hommes et les femmes en France est :***

| | |
|---|---|
| - A peu près atteinte | 22 % |
| - Il y a encore beaucoup de choses à faire | 76 % |
| - Sans opinion | 2 % |

***Question : Dans chacun des domaines suivants, diriez-vous que depuis 20 ans, les choses se sont plutôt améliorées pour les femmes, plutôt dégradées ou qu'elles n'ont pas vraiment changé ?***

| | Plutôt amélioration | Plutôt dégradation | Pas de vrai changement | Sans opinion |
|---|---|---|---|---|
| **Le partage des tâches familiales** | 73 % | 3 % | 22 % | 2 % |
| **L'accès des femmes aux postes de responsabilité politique** | 66 % | 3 % | 27 % | 4 % |
| **La possibilité de concilier le travail et la vie de famille** | 63 % | 11 % | 22 % | 4 % |
| **L'accès aux responsabilités dans les entreprises** | 61 % | 3 % | 31 % | 5 % |
| **L'égalité de salaire avec les hommes** | 30 % | 8 % | 58 % | 4 % |

*Sondage SOFRES pour le Figaro magazine, septembre 2005*

77

# DE L'UNIVERSALISME À L'EXCEPTION FRANÇAISE

## En France, la langue est une affaire d'État

Depuis 1992, la Constitution précise que « la langue de la République est le français ». Dans le modèle français de la citoyenneté, tout le monde doit parler cette langue. Pour obtenir un titre de séjour, les étrangers doivent prouver leur désir d'intégration en la maîtrisant. Les langues régionales (le breton, le basque, etc.) n'avaient jusqu'à une date récente pas de reconnaissance officielle. Mais depuis 1998, le Conseil de l'Europe encourage les États membres à favoriser la diversification linguistique.

La loi relative à l'emploi de la langue française (dite « loi Toubon », 1994) impose l'usage du français à la télévision, à la radio, mais aussi dans le monde du travail, y compris pour les entreprises étrangères (offres d'emploi, contrats de travail, conventions collectives). Elle stipule que dans les colloques internationaux organisés en France, tout participant a le droit de s'exprimer en français et que toute communication faite en langue étrangère doit être accompagnée au moins d'un résumé en français.

L'État français est aussi très attaché au soutien à la francophonie, considérée comme le vecteur privilégié du rayonnement culturel de la France dans le monde, mais aussi de son influence politique et économique (on estime qu'il y a près de 170 millions de francophones dans le monde). La langue française se situe pour l'instant au 9e rang des langues les plus utilisées, mais elle ne cesse de perdre du terrain. Les autorités françaises se battent pour qu'elle demeure l'une des langues officielles dans les organismes internationaux (ONU, UNESCO, etc.)... mais pour combien de temps ? Dans les institutions européennes, où elle a longtemps été la langue la plus utilisée parce que la plus commune aux six pays fondateurs, son usage a beaucoup reculé, notamment avec l'élargissement de l'Europe.

## « La laïcité est une singularité française. »

*La République française s'est construite autour de la laïcité (...). La laïcité, pierre angulaire du pacte républicain, repose sur trois valeurs indissociables : liberté de conscience, égalité en droit des options spirituelles et religieuses, neutralité du pouvoir politique.*

*Rapport de la commission Stasi sur la laïcité*, décembre 2003

La loi de 2004 interdisant tous les « signes religieux ostensibles » dans les écoles publiques a suscité des débats passionnés entre les Français, et des commentaires étonnés (ou scandalisés) dans la presse étrangère... La laïcité n'est pas une spécificité française : dans tous les pays démocratiques, il y a aujourd'hui une séparation de fait entre les Églises et les États, du moins une neutralité de l'État s'apparentant à une forme de laïcisation de la société. Mais la France est un des rares pays à avoir exclu de la sphère politique et de la symbolique du pouvoir toute référence religieuse. Ce qui est sans doute aussi particulier, c'est que la laïcité est considérée comme un fondement du pacte républicain, une composante de l'identité française, et qu'elle a toujours été étroitement associée à la question de l'école.

C'est la loi de séparation des Églises et de l'État (décembre 1905) qui fonde juridiquement la notion française de laïcité. Cette loi est toujours pour l'essentiel en vigueur, malgré quelques retouches. D'une part, elle pose que « la République assure la liberté de conscience et garantit le libre exercice des cultes » (art. 1). D'autre part, elle stipule que « la République ne reconnaît, ne salarie ni ne subventionne aucun culte » (art. 2). Le terme de laïcité n'apparaît jamais dans le texte, il faudra attendre 1946 pour qu'elle devienne explicitement un principe constitutionnel. « La République est indivisible, laïque, démocratique et sociale. Elle assure l'égalité devant la loi de tous les citoyens, sans distinction d'origine, de race ou de religion. Elle respecte toutes les croyances » (art. 1 de la Constitution de la Ve République). Avec la loi de 1905, l'État laïque n'entendait pas promouvoir l'athéisme, puisqu'il garantissait la liberté de conscience pour tous, un droit déjà affirmé dans l'article 10 de la Déclaration des droits de l'homme et du citoyen, mais il distinguait nettement les sphères privée et publique. La religion devait rester dans la sphère privée, la neutralité devait s'imposer dans la sphère publique (les lieux relevant de l'État), en tout premier lieu l'école, fief de transmission du savoir et de la raison. Il fallait laisser la religion hors de l'école, pour détacher les élèves de « l'obscurantisme » et de l'éventuelle pression du milieu familial.

Pour comprendre la prégnance de la question scolaire, il faut se référer une fois de plus à l'histoire. Sous l'Ancien Régime (« une foi, un roi »), l'Église catholique avait le contrôle total de l'enseignement – il s'agissait notamment d'éloigner les enfants protestants de leur foi. Pendant la Révolution française, il y eut bien un projet de réforme de l'instruction publique proposé par Condorcet, mais les révolutionnaires ne parvinrent pas à établir un système scolaire national. Sous Napoléon, le Concordat (1802) reconnaissait la liberté de culte, mais aussi que « la religion catholique, apostolique et romaine [était] la religion de la grande majorité des citoyens français ».

Le catholicisme n'était plus la religion officielle de la France, mais celle des Français ! L'État nommait les évêques, salariait les prêtres, qui devaient prêter serment de fidélité à l'autorité civile… et le catéchisme était enseigné dans les écoles publiques.

La question scolaire opposa les républicains (laïcs) et l'Église catholique (contre-révolutionnaire) durant tout le XIXe siècle. En 1833, la loi Guizot permit aux congrégations religieuses d'enseigner dans les écoles publiques. En 1850, la loi Falloux, toujours en vigueur aujourd'hui, autorisait les écoles privées à recevoir des locaux et des subventions des communes, des départements ou de l'État. Sous le Second Empire, les instituteurs de l'école publique furent persécutés sous l'accusation de sympathies républicaines. La IIIe République voulait en finir avec la volonté d'ingérence de l'Église catholique dans tous les domaines, tout particulièrement celui de l'éducation, puisqu'elle considérait l'école comme le principal lieu de formation des citoyens républicains (les instituteurs étaient les « hussards noirs de la République »). En 1880, Jules Ferry, ministre de l'Instruction, interdit aux congrégations religieuses d'enseigner dans le primaire. En 1881-1882, il instaura l'école primaire obligatoire, gratuite et laïque : l'enseignement religieux était remplacé par l'instruction morale et civique, le catéchisme ne pouvait être enseigné qu'en dehors de l'école (le congé scolaire du jeudi – remplacé bien plus tard par le mercredi – était prévu pour que les enfants puissent aller au catéchisme). L'école laïque devait permettre de consolider définitivement les valeurs de la République. La guerre des « deux France » atteignit son paroxysme avec la loi de 1905. Celle-ci fut condamnée par le pape et combattue pendant plusieurs décennies par les catholiques français. Avec l'annulation du Concordat, l'État cessait de salarier les ministres du culte et il devenait propriétaire des bâtiments religieux construits avant 1905. L'inventaire des biens de l'Église catholique suscita de véritables émeutes ! En parlant de cultes (au pluriel), la loi de séparation prenait acte du pluralisme religieux. Après des siècles d'intolérance, le protestantisme et le judaïsme étaient enfin reconnus. Personne ne songeait alors à l'islam, puisqu'il avait peu de pratiquants en France à cette époque ; il y avait de nombreux musulmans dans les départements français d'Algérie, mais la loi n'y sera jamais appliquée. Elle ne sera jamais non plus appliquée dans les départements d'Alsace-Lorraine lorsqu'ils redeviendront français fin 1918. Ces derniers sont toujours sous le régime du Concordat : les curés, les pasteurs et les rabbins sont rémunérés par l'État français et il y a un enseignement religieux dans les écoles publiques.

Tout au long du XX^e siècle, les conflits sur l'école n'ont jamais vraiment cessé. Avec d'un côté les laïques qui, au nom de l'égalité républicaine, voulaient un système unique d'enseignement. De l'autre l'Église catholique, qui tenait absolument à conserver une place importante dans l'éducation à travers le développement d'écoles privées, appelées les écoles libres. Le gouvernement de Vichy accusa les instituteurs laïcs d'être en partie responsables de la défaite de 1940. À la Libération, les subventions accordées par le gouvernement de Vichy à l'enseignement catholique furent supprimées. En 1959, la loi Debré permit aux écoles privées « sous contrat avec l'État » de bénéficier de financements : les enseignants étaient rémunérés par l'État, et en contrepartie, elles s'engageaient à respecter les programmes de l'Éducation nationale. L'arrivée de la gauche au pouvoir en

1981 a relancé le débat, puisque le programme de Mitterrand prévoyait de constituer « un grand service public, unifié et laïque de l'Éducation nationale ». En 1984, un million de catholiques défilèrent dans les rues de Paris pour défendre l'enseignement privé face au projet d'unification du système éducatif élaboré par le ministre de l'Éducation nationale, Alain Savary. Le projet de loi fut retiré. Dix ans plus tard, en 1994, lorsque la droite, revenue au pouvoir, voulut étendre le champ des subventions attribuées à l'enseignement privé, une énorme manifestation rassembla les laïcs, défenseurs de l'école publique.

La « querelle scolaire » entre les laïcs et les catholiques semble pour l'instant s'être apaisée. La loi Debré est toujours en vigueur : les écoles catholiques sous contrat ont conservé leur « caractère propre », mais avec l'obligation d'accueillir tous les élèves, sans discrimination religieuse. Elles ne sont plus dirigées par des religieux, mais par des laïcs. Les écoles privées – à 95 % des écoles catholiques – accueillent environ 15 % des élèves. Les parents qui y envoient leurs enfants ne le font pas toujours pour des motifs religieux, mais pour des raisons pragmatiques, parce que l'école publique proche de leur domicile a mauvaise réputation, ou parce que leur enfant est en échec scolaire et que les enfants sont censés être mieux encadrés dans le privé que dans le public.

Depuis quelques années, la question scolaire s'est déplacée sur le respect du principe de laïcité par l'islam. Alors que l'islam était pendant longtemps une religion d'hommes immigrés vivant seuls en France, pratiquant la prière dans des garages ou des caves, il est devenu une religion de familles, avec des enfants scolarisés et de nationalité française. Parallèlement s'est développé un islam politico-religieux beaucoup plus visible et plus revendicatif que l'islam discret et modéré des générations précédentes. En 1989, a éclaté à Creil la première « affaire du foulard » : trois jeunes musulmanes ont été exclues de leur collège pour avoir refusé d'enlever leur foulard en classe. Le port du foulard islamique à l'école était considéré par les enseignants à la fois comme une atteinte à la laïcité de l'école et comme une négation de l'égalité hommes / femmes. Les incidents de ce type s'étant multipliés au fil des années, en 2004, une commission a été chargée de mener une réflexion sur l'actualisation de la laïcité en France. À l'issue de ses travaux, la commission Stasi a fait le constat de menaces pesant sur l'ordre public et sur les libertés individuelles, et suggéré un rappel à l'ordre par une législation plus explicite. Le 15 mars 2004 a été votée une loi se référant explicitement au « principe de laïcité » : elle interdit « le port de signes ou de tenues manifestant une appartenance religieuse » à l'école publique, à savoir le voile islamique, mais aussi la kippa, les croix de grande dimension, en précisant que les signes religieux discrets sont autorisés. Cette loi – souvent appelée « la loi sur le voile » – a été présentée comme risquant de stigmatiser les musulmans de France. Un peu plus d'un an après son vote, le bilan de son application était plutôt positif. Le port du voile avait indéniablement reculé à l'école, le nombre de cas litigieux ayant entraîné l'exclusion de jeunes filles était assez faible.

Dans une France qui se voulait « la fille aînée de l'Église », la loi de séparation des Églises et de l'État a été conçue pour faire contrepoids à la force excessive du catholicisme. L'Église catholique a mis près d'un siècle à accepter les valeurs républicaines, mais c'est maintenant chose faite. Le protestantisme et le judaïsme ont pu s'intégrer à la société française grâce à sa laïcisation. Jusqu'à une date récente, la question de l'islam n'était pas traitée : celui-ci n'avait pas, à l'instar des autres religions, de représentation officielle habilitée à dialoguer avec l'État, en l'occurrence le ministère de l'Intérieur, puisque les cultes relèvent de sa responsabilité (après avoir relevé dans un premier temps du ministère de l'Instruction publique, des Beaux-Arts et des Cultes). Depuis 2003 a été mis en place un porte-parole de la « communauté musulmane », le Conseil français du culte musulman (le CFCM), élu par les musulmans qui fréquentent les mosquées. Peu après le vote de la loi de 2004, des délégués de ce conseil sont allés en Irak demander la libération de deux journalistes français retenus en otage (Christian Chesnot et Georges Malbrunot), en affirmant leur adhésion aux valeurs républicaines et leur respect de la laïcité à la française.

En décembre 2005, au moment même où la France commémorait le centenaire de la loi fondatrice de la laïcité à la française, certains hommes politiques suggéraient un « toilettage » de cette loi, pour l'adapter au contexte de ce que l'on nomme pudiquement la diversité culturelle. Sur la laïcité comme sur la question de l'intégration, le débat oppose les Français qui voudraient que l'État prenne dorénavant en compte les particularismes culturels des différentes communautés à ceux qui restent attachés à l'égalitarisme républicain, dont la laïcité est un des garants.

## L'exception culturelle en questions

***Question : Personnellement, que comprenez-vous lorsque vous entendez parler de l'exception culturelle française ?***

| | |
|---|---|
| Nous vivons dans un pays qui dispose d'un patrimoine culturel exceptionnel | 45 % |
| Nous devons avoir le droit, exceptionnellement, de ne pas nous soumettre aux règles du commerce mondial pour protéger la culture française | 27 % |
| Nous devons, malgré les contraintes budgétaires, accorder à la culture un budget d'exception | 20 % |
| Ne se prononce pas | 8 % |
| **Total** | **100** |

***Question : Globalement, diriez-vous que la place qu'occupe la culture française dans le monde est aujourd'hui...***

| | |
|---|---|
| Très menacée | 18 % |
| Plutôt menacée | 47 % |
| **Sous-total Menacée** | **65 %** |
| Plutôt pas menacée | 22 % |
| Pas du tout menacée | 10 % |
| **Sous-total Pas menacée** | **32 %** |
| Ne se prononce pas | 3 % |
| **Total** | **100** |

*Sondage Ipsos pour le Point/LCI, septembre 2003*

## « Les Français sont les défenseurs de l'exception culturelle. »

> ***La politique d'exception culturelle, spécifique du génie d'un pays, parfois d'une région, repose sur l'idée que la culture et l'art ont une importance telle qu'ils appellent une responsabilité particulière : la création artistique et sa diffusion doivent être soutenues et promues.***
>
> ***Rapport d'information du Sénat,* 8 juillet 2004**

« L'exception culturelle » désigne un principe affirmé par les Français dans les négociations internationales sur la libéralisation des échanges entre États : la culture n'est pas une marchandise comme les autres, elle doit être soustraite à la régulation par le marché. La bataille pour le maintien de « l'exception culturelle » s'est engagée dès les années quatre-vingt-dix. Craignant d'être envahis par les films, les téléfilms et les disques américains – ce qui pouvait être nocif d'un point de vue économique, mais aussi pour le maintien de leur identité culturelle – les Français défendaient l'idée que les États devaient pouvoir continuer à soutenir et promouvoir leur production culturelle et leurs artistes nationaux.

L'État français a en effet toujours joué un rôle central dans le domaine culturel, qu'il s'agisse de la sauvegarde du patrimoine, considéré comme un bien commun de la nation, ou du soutien à la création artistique. Pour ce faire, il intervient de multiples manières : l'action réglementaire (par exemple la loi sur le prix unique du livre de 1981), la gestion directe d'institutions publiques (une trentaine de musées et de théâtres nationaux), l'attribution de subventions à des théâtres privés et à des manifestations culturelles, l'acquisition d'œuvres contemporaines, etc. Son action est particulièrement visible dans le domaine audiovisuel. Pour encourager la production de films français, le Centre national de la cinématographie (CNC), établissement public à caractère administratif créé en 1946 (son directeur est nommé en conseil des ministres) attribue des « avances sur recettes », grâce aux taxes prélevées sur les billets de cinéma. Depuis les années quatre-vingt, l'État contraint les chaînes de télévision à investir dans la production cinématographique. Il impose aussi des quotas de diffusion de productions françaises aux chaînes de télévision et aux radios nationales.

Ce sont les Français qui ont initié la défense de l'exception culturelle, mais la prise de conscience d'un risque d'uniformisation du monde a gagné progressivement d'autres pays de l'Union européenne. On est alors passé du concept d'« exception culturelle » – un terme propre aux Français – à l'idée de la « diversité culturelle », ce qui a permis de rallier le Canada, de nombreux pays d'Amérique latine, des pays en voie de développement, etc. La diversité culturelle est devenue un enjeu politique majeur : la survie des cultures minoritaires dans le contexte de la mondialisation. Le 17 octobre 2005, au terme de débats houleux qui l'opposaient principalement aux États-Unis, la France, soutenue activement par le Canada, a réussi à faire adopter par 155 États réunis au sein de l'Unesco une convention sur la diversité des expressions culturelles. Cette convention reconnaît « la nature spécifique des activités, biens et services culturels » et les soustrait aux règles de l'Organisation mondiale du commerce (OMC) sur la libéralisation des échanges. Les États bénéficient d'un droit souverain à « conserver, adopter et mettre en œuvre les politiques et mesures qu'ils jugent appropriées ». Chaque pays peut financer, par des aides publiques ou des mesures réglementaires, le cinéma, les arts plastiques ou la musique. Pour entrer en vigueur, cette convention doit cependant être ratifiée par trente pays au moins… ce qui peut prendre un certain temps !

L'exception culturelle s'applique aussi à la notion française de « droit d'auteur », violemment combattue au sein de l'OMC, au nom de la logique de marché. En effet, le droit d'auteur, lequel favorise l'intérêt de l'auteur, est assez différent du copyright anglo-saxon, qui tend à considérer l'œuvre avant tout comme un bien économique. Dans la conception française, initiée par Beaumarchais au moment de la Révolution française, le droit d'auteur couvre l'ensemble des droits dont jouissent les créateurs sur leurs œuvres, qu'il s'agisse d'œuvres littéraires (livres, pièces de théâtre, journaux), artistiques (peinture, sculpture, photographie, architecture, etc.), musicales ou audiovisuelles (cinéma, télévision). L'octroi de la protection légale est conféré à l'auteur du simple fait de la création d'une œuvre de l'esprit, il n'est pas subordonné à l'accomplissement de formalités administratives de dépôt ou autre. Le copyright est plus proche d'un droit d'exploitation que d'un droit d'auteur : il privilégie les intérêts de l'éditeur ou du diffuseur (le titulaire des droits est le diffuseur) et de la société (l'utilité de la diffusion de l'œuvre pour la société). La diffusion et l'exploitation de l'œuvre passent avant le respect de l'auteur. En 2002, une directive européenne a voulu harmoniser le droit d'auteur dans les différents pays en privilégiant le système du copyright. En 2006, la France se faisait rappeler à l'ordre pour ne pas l'avoir encore transposée dans le droit national... Pour les années à venir, la question prioritaire concerne les règles de fonctionnement du droit d'auteur dans le cadre des nouvelles technologies (Internet, CD, etc.). Pour trouver « un équilibre entre la lutte contre le piratage et la liberté des utilisateurs », les députés français ont adopté en mars 2006, une loi relative au droit d'auteur et aux droits voisins dans la société de l'information (DADVSI)... qui ne satisfait pas grand monde. La copie de disques « à usage privé », jusque-là autorisée en France (et pas aux États-Unis), ne devrait plus l'être, tandis que le téléchargement des œuvres protégées par le droit d'auteur risque de ne plus rien rapporter aux artistes.

En défendant l'exception culturelle, la France peut avoir paradoxalement le sentiment d'avoir renoué avec l'universalisme puisqu'elle a initié le combat pour la « diversité des cultures », repris par de nombreux pays. « L'objectif (est) d'éviter l'uniformisation du monde en préservant la diversité des cultures comme on le fait en défendant la biodiversité pour conserver la diversité des espèces » (Catherine Lalumière, député français au Parlement européen). Les Français se sentent quasiment des écologistes de la culture !

## « Les intellectuels français sont tous de gauche. »

*L'écrivain « engagé » sait que la parole est action : il sait que dévoiler c'est changer et qu'on ne peut dévoiler qu'en projetant de changer. Il a abandonné le rêve impossible de faire une peinture impartiale de la Société et de la condition humaine.*

Jean-Paul Sartre, *Qu'est-ce que la littérature ?*, 1947

Jusqu'à une période récente en France, les professions intellectuelles – écrivains, philosophes, scientifiques, artistes, enseignants, etc. – ont toujours adhéré, dans leur immense majorité, aux idées de gauche, à tel point que c'était presque un pléonasme de parler d'« intellectuels de gauche »... Ceci était d'ailleurs perçu dans certains pays étrangers comme une singularité française. Depuis la fin des années soixante-dix, ce n'est plus systématiquement le cas. Des intellectuels osent affirmer sur certains sujets des positions conservatrices. Il y en a même qui animent des clubs de réflexion pour conseiller les hommes politiques de droite.

Dès le XVIII^e^ siècle, Voltaire, Rousseau, Diderot, Condorcet ont été des « intellectuels engagés », même si on n'utilisait pas encore ces termes : ils ont initié une forme de contrepouvoir en bravant le pouvoir politique, l'Église, la morale. Ce ne sont pas eux qui ont fait tomber l'Ancien Régime, mais la Révolution française a été très influencée par la philosophie des lumières. Tout au long du XIX^e^ siècle, des hommes de lettres ont soutenu la République face à la droite contre-révolutionnaire (ce qui entraîna notamment l'expulsion de Victor Hugo, opposant à Napoléon III, hors de France). Mais c'est en 1898, au moment de l'affaire Dreyfus (un officier juif faussement accusé de contre-espionnage), qu'a surgi le terme d'« intellectuel » : à la suite de l'appel de l'écrivain Émile Zola (*J'accuse*), des hommes de lettres, des chercheurs, des universitaires, des journalistes, des artistes, des avocats signaient un manifeste réclamant la révision du procès de Dreyfus, dans lequel ils se désignaient comme « intellectuels ». C'est avec l'affaire Dreyfus que les intellectuels sont vraiment apparus sur la scène publique.

Dans l'entre-deux-guerres, la vie politique se radicalise. Dès les années vingt, les surréalistes (Breton, Aragon, Éluard) soutiennent les luttes anti-coloniales et se rapprochent du mouvement communiste. Dans les années trente, les intellectuels se rallient massivement au Front populaire. Les événements politiques – la montée du fascisme, la guerre d'Espagne, la crainte d'une nouvelle guerre mondiale – ne peuvent pas les laisser indifférents. Mis à part quelques écrivains de droite comme Maurras, Drieu La Rochelle ou Brasillach (fusillé en 1945 pour collaboration avec le nazisme), la plupart des intellectuels français se mobilisent contre le fascisme : André Gide, Romain Rolland, André Malraux (qui s'engage comme combattant dans la guerre d'Espagne). François Mauriac et Georges Bernanos, écrivains catholiques, prennent parti pour les républicains espagnols, à l'encontre des positions de l'Église.

L'après-guerre est par excellence la période des intellectuels engagés. Ils sont nombreux à adhérer au parti communiste français (on disait à l'époque le PC ou tout simplement « le Parti »), ou à être des « compagnons de route ». Aux lendemains de la Libération, le parti communiste peut s'honorer d'avoir été très actif dans la Résistance, d'avoir ses héros et ses martyrs. Il séduit les intellectuels parce qu'il est le parti de la classe ouvrière et qu'il représente l'espoir d'un « avenir radieux » : une société plus fraternelle, plus égalitaire, la culture accessible à un plus grand nombre. La guerre froide exacerbe le clivage entre la droite et la gauche, il faut choisir entre les « deux camps » : le capitalisme ou le socialisme. Le marxisme exerce alors une grande attraction sur tous les intellectuels, y compris les chrétiens de gauche, réunis autour d'Emmanuel Mounier, chef de file du personnalisme et directeur de la revue *Esprit*, fondée en 1932. Les intellectuels anti-communistes sont rares à cette époque. Raymond Aron est l'un de ceux-là. Il publie en 1955 *L'Opium des intellectuels*, une analyse critique du marxisme et du stalinisme, qui le mettra pendant près de vingt ans au banc de l'intelligentsia française.

Jusqu'au milieu des années cinquante, le parti communiste est ainsi une référence incontournable pour les intellectuels français. Ils commenceront à prendre vraiment leurs distances à partir de 1956, avec la publication du rapport Khrouchtchev, révélant les crimes de Staline en URSS, et la terrible répression de l'insurrection hongroise. Le mouvement de mai 1968 éloigne définitivement les jeunes intellectuels du parti communiste ; celui-ci ne soutient pas la contestation étudiante, il la considère d'inspiration trop libertaire. Durant la période suivante, les étudiants sont plutôt attirés par les organisations trotskistes ou maoïstes, qui se démarquent complètement du communisme. Si l'extrême gauche française n'a jamais compté un très grand nombre de militants, elle a eu beaucoup d'influence sur la pensée intellectuelle de cette génération (« les soixante-huitards »).

Le milieu des années soixante-dix marque un grand tournant. Il y a en 1974 le choc provoqué par la publication en France de l'ouvrage de Soljenitsyne, *L'Archipel du goulag*. En 1976, émergent sur la scène médiatique les « nouveaux philosophes », qui passent de la critique antisoviétique à la critique antimarxiste. Lors d'une émission télévisée de Bernard Pivot (*Apostrophes*, 1976) restée dans les mémoires, Bernard-Henry Lévy et André Glucksman expliquent qu'il faut rompre avec l'emprise marxiste chère au modèle français de l'intellectuel... Les « nouveaux philosophes » (très critiqués par Sartre et Deleuze) contribuent à réhabiliter des auteurs libéraux, qu'ils soient anciens, comme Tocqueville, ou contemporains, tel Raymond Aron. Dans la foulée, Alain de Benoist crée le GRECE (Groupe de recherches et d'études sur la civilisation européenne), en s'affirmant comme la « nouvelle droite ».

On évoque souvent dans les médias le « déclin » des intellectuels de gauche. Une raison essentielle tient sans doute à la disparition de grandes figures : Sartre et Barthes sont morts en 1980, Foucault en 1984, Simone de Beauvoir en 1986, etc. Personne après eux n'a acquis une réputation comparable. Il y a aussi le fait que les modes d'engagement ont profondément évolué. Dorénavant indépendants à l'égard des partis politiques, les intellectuels de gauche se retrouvent de préférence au sein de mouvements associatifs ou altermondialistes (ATTAC, la fondation Copernic, etc.) et se mobilisent plutôt sur des causes précises (les droits de l'homme, les sans-papiers, la lutte antiraciste, le mouvement social de 1995, etc.). Pierre Bourdieu fut sans doute une des figures les plus emblématiques de ce nouveau mode d'action.

Les intellectuels de gauche sont moins présents sur la scène médiatique, ils n'ont pas complètement disparu pour autant. Dans tout débat sur un thème de société, que ce soit à la radio, à la télévision ou dans les magazines, les journalistes invitent un sociologue, un philosophe ou un historien à donner son point de vue sur l'actualité politique ou sociale… et il est souvent de gauche ! Mais la posture des intellectuels a changé : ils s'expriment désormais en tant qu'experts d'un sujet, rarement comme des maîtres à penser apportant une vision globale de la société.

**Pierre Bourdieu (1930-2002)**

Dès les années soixante, Bourdieu a réalisé de nombreux travaux portant sur l'analyse des mécanismes de domination, mais il n'exprimait pas publiquement ses positions politiques. Pour lui, le rôle du sociologue était d'analyser, de critiquer la réalité sociale, mais de laisser à d'autres acteurs la charge de travailler à la transformation de la société.

*Les Héritiers* (1964) et *La Reproduction* (1970) – deux ouvrages écrits avec Jean-Claude Passeron – constituent une critique radicale de l'enseignement. En montrant que l'école ne fait que conforter les inégalités sociales, ils dénoncent le mythe de l'égalité des chances porté par l'école républicaine. L'ouvrage de Bourdieu le plus connu du grand public est sans doute *La Distinction* (1979) : il démontre que les choix en matière de goûts (le beau/le laid, le distingué/le vulgaire, etc.) sont inséparables de l'appartenance sociale et des conditions de vie. En 1993, *La Misère du monde*, un compte-rendu d'enquêtes sociologiques, fait découvrir à des milliers de lecteurs les exclus de la société.

À partir de l'automne 1995 (la période des grandes grèves) et jusqu'à sa mort, Bourdieu s'engage publiquement. Il devient un porte-parole très médiatisé du mouvement social et de la contestation altermondialiste. En 1996, il fonde une maison d'édition, Liber/Raison d'agir, qui publie de petits ouvrages dénonçant le libéralisme. Un film d'entretiens réalisés avec Pierre Bourdieu, *La Sociologie est un sport de combat* (Pierre Carles, 2001), connaît un grand succès dans les salles parisiennes.

## « Les Français sont-ils solubles dans l'Europe ? »

*Au printemps [2005], le référendum a rappelé aux responsables politiques que la nation constituait encore le cadre privilégié dans lequel les électeurs se définissaient ; c'est leur maison-refuge, même si ses murs se lézardent. Les Français désirent autant le changement que la préservation de leurs repères, de leur identité, de leur terroir. Ils veulent encore qu'on leur parle de leur destin, même si la réalité impose bien des deuils de grandeur.*

**Piotr Smolar, *Le Monde*, 15 novembre 2005**

Depuis 1992, les Français sont citoyens européens. Près de quinze ans plus tard, se sentent-ils réellement européens ? La question se pose d'autant plus qu'en mai 2005, ils ont majoritairement (54,67 % des suffrages) refusé le projet de Constitution européenne qui leur était soumis par référendum. Des commentateurs étrangers ont accueilli ces résultats avec un certain mépris, accusant les Français de frilosité, de conservatisme, interprétant ce vote comme un non à l'Europe. Les analyses montrent pourtant qu'ils sont dans leur grande majorité attachés à la poursuite de l'Union européenne. Puisque l'union fait la force, l'action de l'Europe est jugée plus efficace que l'action nationale dans certains domaines (la défense, l'environnement, la lutte contre le terrorisme, etc.) ; elle peut aussi constituer un contrepoids économique et politique face à la puissance américaine. En revanche, pour tout ce qui relève des questions sociales, les Français ont plutôt une certaine défiance à l'égard de la politique européenne. Globalement, il est vrai qu'ils paraissent plus eurosceptiques que leurs grands voisins européens.

Après un siècle de guerres incessantes, puis la guerre froide et la partition de l'Allemagne, les Français rêvaient d'une Europe unie et en paix, mais ils s'imaginaient que le modèle politique, économique, social et culturel européen serait en quelque sorte celui d'une « France en grand ». À partir des années quatre-vingt-dix, ils ont éprouvé une méfiance grandissante à l'égard de la politique européenne. En 1992, le référendum sur la ratification du traité de Maastricht était adopté avec seulement 51,4 % des suffrages. Le non venait alors principalement des souverainistes, attachés au maintien de la souveraineté nationale. En 2005, les Français se sont incontestablement intéressés au traité constitutionnel : le texte a été un succès de librairie et le pourcentage de participants au vote (près de 70 %) en témoigne. La question de la souveraineté nationale s'est à nouveau posée, puisque « l'acquis communautaire » – qui impose aux pays membres une transposition des directives du Conseil européen dans la législation nationale – prive en partie le parlement français de son pouvoir législatif. Mais le vote a fait apparaître un nouveau clivage : une partie des sociaux-démocrates s'est vivement opposée aux libéraux, partisans de la libéralisation du marché européen. De nombreux « nonistes » étaient favorables à la poursuite de la construction européenne, mais demandeurs d'une « autre Europe », une Europe plus sociale. La politique de l'UE est en effet souvent perçue comme une victoire du libéralisme anglo-saxon ;

elle n'est plus considérée comme un rempart contre la mondialisation, mais au contraire comme un facteur d'accélération de ses risques, à savoir la concurrence et la délocalisation des emplois. Ceci d'autant plus avec l'élargissement aux pays d'Europe centrale et orientale, où les salaires sont nettement plus bas que dans les pays occidentaux. Le projet de directive sur la libéralisation des services (la directive Bolkestein) a fait émerger durant la campagne le spectre du fameux « plombier polonais »... Toutes les analyses ont montré que les Français étaient d'autant plus réticents à l'égard du projet qu'ils appartenaient à des catégories se sentant menacées par une ouverture totale à la concurrence (ouvriers, artisans, salariés des entreprises publiques, etc.).

La position des jeunes Français est, à cet égard, très intéressante. Ils sont 25 000 à profiter des bourses Erasmus et Leonardo pour aller étudier dans un autre pays européen (chiffres 2004-2005). Ils plébiscitent à près de 80 % la poursuite de la construction européenne... et pourtant ils sont 55 % à avoir voté « non » au traité constitutionnel (avec 39 % d'abstentions).

En conclusion, on peut dire que les europhobes absolus (le refus total de l'Europe) sont très minoritaires en France, mais que les ultraeuropéens (ceux qui souhaiteraient voir la France se fondre dans un grand ensemble supranational) le sont tout autant. Quelles que soient leurs craintes ou leurs attentes à l'égard de l'Europe, les Français se sentent, dans leur majorité, citoyens français avant de se considérer comme citoyens européens.

# ANNEXES

# Pour aller plus loin.

Nous vous conseillons de lire ou de relire *Le Tour de la France par deux enfants* (dont le sous-titre est *Devoir et patrie*), écrit par G. Bruno (la 1re édition date des environs de 1877). Il a été LE livre de lecture de tous les petits Français pendant plusieurs générations. C'est édifiant et amusant de retrouver l'histoire de France et les valeurs républicaines inculquées par l'école de Jules Ferry à nos aïeux ! À défaut de l'avoir trouvé dans un grenier familial, vous pouvez acheter le livre dans une de ses récentes rééditions (Belin, 1997).

**Histoire**

*Le Dictionnaire critique de la République*, rédigé par une centaine d'auteurs réunis sous la direction de Vincent Duclert et Christophe Prochasson (Flammarion, 2002), analyse les institutions, les symboles, les grands hommes de la République, et permet de comprendre comment cet héritage imprègne la culture, les valeurs, les pratiques, les identités des Français. Alors que le droit de la nationalité et les questions d'immigration sont aujourd'hui l'objet de nombreux débats, le récent ouvrage de Patrick Weil, *Qu'est-ce qu'un Français. Histoire de la nationalité française depuis la Révolution* (Grasset, 2002) contribue à alimenter la réflexion en mettant en cause de nombreuses idées reçues. Jean-François Sirinelli et Pascal Ory font une très bonne analyse historique sur *Les Intellectuels en France, de l'affaire Dreyfus à nos jours* (Armand Colin, 1986, Perrin, 2004). L'ouvrage de Pierre Kahn expose de façon concise tout ce qu'il faut savoir sur *La Laïcité* (Cavalier bleu, Idées reçues, 2005).

**La France et les Français aujourd'hui**

*L'État de la France* (La Découverte) publie chaque année depuis 1992 une nouvelle édition. C'est le meilleur ouvrage de référence sur les évolutions politiques, économiques, sociales, culturelles de notre pays ; les articles sont rédigés par des chercheurs spécialisés. *L'Atlas des Français d'aujourd'hui*, de Laurence Duboys Fresney (Éditions Autrement, 2006), propose une analyse sociologique des groupes sociaux, de leur rapport aux institutions, de leurs modes de vie ; il a aussi pour avantage de présenter des résultats d'études comparant les valeurs des Français à celles des autres grands pays européens. Sur les femmes françaises, on peut lire avec intérêt l'ouvrage de Michèle Sarde, *Regard sur les Françaises. X^e-XX^e siècle* (Éditions Stock, Points, 1983). Il expose avec brio « les grandeurs et misères » des Françaises tout au long de l'histoire ; il montre aussi les spécificités du mouvement féministe en France.

**Les Français vus par les étrangers**

Il est toujours décapant de se voir observé par des auteurs étrangers. Un des meilleurs connaisseurs de la société française, régulièrement invité sur les plateaux de télévision, est l'historien anglais Théodore Zeldin. Sa thèse, *Histoire des passions françaises. 1848-1945* (Éditions du Seuil, coll. « Points Histoire », 1980-1981, Payot, 2003), est un monument de plus de mille pages, mais on peut lire *Les Français* (Éditions du Seuil, 1984), plus abordable et qui décrit une France plus contemporaine. Ted Stangers est un journaliste américain qui vit à Paris depuis plus de quinze ans ; dans *Sacrés Français ! Un Américain nous regarde* (Michalon, 2003), il expose, à partir d'anecdotes vécues, les différences entre les Américains et les Français. Il est impertinent, polémique… et très drôle ! Le livre étranger le plus récent est celui écrit par deux journalistes canadiens, Jean-Benoît Nadeau et Julie Barlow (Seuil, 2005), paru en français sous le titre *Pas si fous, ces Français*. Le titre original de leur ouvrage était beaucoup plus explicite : *Sixty million Frenchmen can't be wrong*. Au terme de deux années passées en France, ils décrivent nos comportements en essayant de les décrypter à l'aune de notre histoire.
Nous voudrions aussi recommander la lecture d'un ouvrage extraordinaire, *Évidences invisibles. Américains et Français au quotidien* (Seuil, 1991). Edmonde Carroll est une ethnologue

française qui a épousé un Américain et vit aux États-Unis depuis de longues années. Elle montre comment des malentendus culturels peuvent surgir dans nos relations les plus intimes, là où on les attend le moins, et où ils peuvent donc faire le plus mal.

## Derniers titres parus dans la même collection

*Les Célibataires,* Pascal Lardellier
*L'Immigration,* Smaïn Laacher
*Les Tueurs en série,* Michel Barroco
*L'Afrique,* Hélène d'Almeida-Topor
*L'Économie,* Assen Slim
*Les Dinosaures,* Éric Buffetaut
*Le Diabète,* Marc Popelier
*Mozart*, Alexandre Dratwicki
*L'Allemagne*, Béatrice Angand
*La Schizophrénie*, Bernard Granger & Jean Naudin
*Le Désert*, Philippe Frey
*L'Inde*, Pascale Haag & Blandine Ripert
*Les Médecins*, Bertrand Condat
*Le Terrorisme*, Arnaud Blin
*Les Palestiniens*, Aude Signoles
*La Grèce antique*, Philippe Jockey
*L'Islam*, 2è éd.,Paul Balta
*Jésus,* Denis Fricker
*La Laïcité*, Pierre Kahn
*L'Iran*, Fariba Adelkhah
*La Bible*, Roland Meynet
*La Mondialisation*, 2è éd.,S.Allemand & J.-C. Ruano
*Le Japon*, Philippe Pelletier
*Le Développement durable*, Assen Slim
*Le Bouddhisme*, Bernard Faure
*Le Moyen Âge*, Laure Verdon
*La Dépression*, Bernard Granger
*La Chine*, Stéphanie Balme
*Les Homosexuels*, Gonzague de Larocque
*L'Algérie*, Georges Morin
*Le Pétrole*, Gilles Rousselot
*Les Jumeaux*, Muriel Decamps
*L'Intégration*, Azouz Begag
*La Psychanalyse*, Jean-Claude Liaudet
...

Pour connaître la liste complète des titres de la collection :
**www.lecavalierbleu.com**

Responsable éditorial : Marie-Laurence Dubray.
Remerciements de l'Éditeur à : Hélène Latreille, Lara Ohana, Marie Dilger.

Imprimé en France en octobre 2006 sur les presses de l'imprimerie Darantiere à Quetigny. N° d'impression : 26-1772

ISBN 2-84670-152-0 / Dépôt légal : novembre 2006.